NLP für Anfänger

Wie Sie einfache Modelle und Strategien nutzen, um die Schwächen der menschlichen Psychologie zu Ihrem Vorteil zu nutzen – inkl. Rapport, Ankern, Reframing, Swish-Technik uvm.

Franziska Krüger

Alle Ratschläge in diesem Buch wurden sorgfältig erwogen und geprüft. Eine Garantie kann dennoch nicht übernommen werden. Eine Haftung des Autors beziehungsweise des Verlags für jegliche Personen-, Sach- und Vermögensschäden ist daher ausgeschlossen.

INHALT

„Die größte Entscheidung deines Lebens liegt darin, dass du dein Leben ändern kannst, indem du deine Geisteshaltung änderst."

– Albert Schweitzer –

Das erwartet Sie in diesem Ratgeber

Alle Menschen haben Probleme.

Oft suchen wir die Lösungen um uns herum, bei anderen Menschen, bei unglücklichen Umständen, zur Not auch Gott oder anderen übernatürlichen Kräften, doch kommen die Probleme meist von uns selbst. Ein großer Teil von ihnen resultiert aus Fehlern in der zwischenmenschlichen Kommunikation oder durch Traumata und negative Erfahrungen in unserer Vergangenheit, die durch die Verankerung in unserem Unterbewusstsein zu bestimmten Verhaltensmustern führen. Eine Studie von SIS International

Research fand heraus, dass circa 40 Prozent der Zeit in Unternehmen durch schlecht koordinierte Gruppenarbeit verschwendet werden. Schlechte Kommunikation kann unseren Alltag ungemein erschweren und sorgt für diverse Probleme. Gleiches gilt für ungewollte Reaktionen unsererseits oder Blockaden, die uns einschränken, und ich garantiere Ihnen, dass auch Sie sich ohne Probleme an eine Situation erinnern können, in der einer der zuvor genannten Punkte für Komplikationen sorgte. Allerdings ist all dies kein Grund, zu verzweifeln oder zu denken, dass dies gegebene Tatsachen sind, an denen wir ohne professionelle Hilfe nichts ändern können. Vieles können wir mit den richtigen Methoden selbstständig aufarbeiten und verbessern. Persönlichkeitsentwicklung kann sowohl von außen (also durch andere Menschen) als auch von innen (also von uns selbst) motiviert sein, Sie müssen nur wissen wie.

Mit diesem Ratgeber möchte ich Ihnen eine Möglichkeit geben, mit der Sie Veränderung und Verbesserung durch positive Psychologie erfahren können. In den folgenden Kapiteln werden Sie einen theoretischen Überblick über das neurolinguistische Programmieren erhalten. Woher kommt es? Welche wissenschaftlichen Grundlagen dienten zur Entwicklung des NLP? Wie können Sie es selbst effektiv in Ihren Alltag einbauen und davon profitieren? Gibt es Risiken, die Sie beachten sollten? Welche Kritikpunkte werden gegen das NLP vorgebracht? Zu all diesen Fragen werde ich Ihnen in diesem Ratgeber eine Antwort geben und Ihnen dabei helfen, sich Ihr eigenes Bild zu machen. Es gibt viele Stimmen, die NLP befürworten und auf seine Wirksamkeit schwören, doch gibt es ebenso Menschen, die das Gegenteil beteuern.

Nun, ich möchte Ihnen keine dieser Sichtweisen aufzwingen. Vielmehr sollen Sie sich eigenständig Ihre eigenen Gedanken zu diesem Thema machen und selbst zu einem Schluss kommen, was neurolinguistisches Programmieren für Sie bedeutet und was es für eine Bedeutung in Ihrem Leben einnehmen soll. In den folgenden Kapiteln dieses Ratgebers werden Sie alle Informationen erhalten, die Sie benötigen, um sich ein eigenes Bild zu machen, und Ihnen sogar erste Schritte aufgezeigt, welche Ihnen helfen werden, NLP für sich zu nutzen, und wie Sie von den verschiedenen, in diesem Ratgeber aufgeführten, Methoden profitieren können.

„*Es ist so leicht, andere, und so schwierig, sich selbst zu belehren.*"

– Oscar Wilde –

Was ist NLP?

Neuro-
steht für unser Nervensystem, mit welchem wir die durch unsere Sinnesorgane aufgenommenen Informationen weiterleiten und verarbeiten. Sehen, Fühlen, Riechen, Schmecken, Hören, aber auch unser Denken und unser Verhalten werden dadurch gesteuert. Neuro- steht jedoch hierbei nicht für neurologische Therapien und andere Wissenschaften in diesem Fachbereich.

Linguistisch
steht für die Sprache, die wir Menschen benutzen, um zu kommunizieren. Wir verständigen uns dabei nicht

nur mit anderen Menschen, sondern ebenso mit uns selbst. Zwar denken wir häufig auch in Bildern, aber wie viele unserer Entscheidungen fallen nach ausschweifenden inneren Monologen oder langem Hin und Her als Worte in unseren Köpfen?

Programmieren
steht für die Veränderung, die wir selbst bewirken wollen und können. Das Ziel ist, unsere inneren Problemzonen zu erkennen und diese systematisch und zielgerichtet zu verändern (Manipulation).

Kurz gesagt, ist neurolinguistisches Programmieren eine Sammlung verschiedener Methoden zur Veränderung psychischer Abläufe. Dabei wird besonderer Wert auf die Kommunikation gelegt. Eigentlich beschreibt der Name NLP bereits den gesamten Zweck der Technik. Gewisse Dinge in unserem Gehirn (*Neuro-*), dabei kann es sich um eine Blockade, Selbstzweifel oder auch anderes handeln, werden mithilfe der Sprache (*Linguistik*) von uns veränderbar gemacht (*manipulierbar*) und anschließend durch ein gewisses Training verändert.

Wir Menschen nehmen neutrale Informationen über unsere verschiedenen Sinnesorgane auf (zum Beispiel über die Augen) und erst, wenn wir sie mit unserem Erlebten, also unseren Erfahrungen und inneren Einstellungen zusammenführen, werten wir sie aus. Nehmen wir als Beispiel einen Apfel, um Ihnen diese Grundlage zu verdeutlichen. An sich ist ein Apfel nur ein Apfel. Es gibt keinen Grund, ihn mit einer positiven oder negativen Sichtweise zu betrachten. Hier kommen allerdings unsere Erlebnisse und Erfahrungen ins Spiel.

Über unser gesamtes Leben bauen wir gewisse Grundhaltungen auf, die wir immer wieder auf Menschen, Tiere oder Gegenstände projizieren, und so werten wir. Bleiben wir vorerst bei dem Apfel und fügen unserer kleinen Erläuterung noch zwei Freunde hinzu. Einer der beiden freut sich über den Apfel und es läuft ihm das Wasser im Munde zusammen. Er hat eine positive Sicht auf den Apfel – aufgrund seiner bisherigen Erfahrungen. Vielleicht verbindet er sogar bestimmte Situationen mit dem Verzehren eines Apfels, die ihn glücklich machen.

Bei seinem Freund ist es jedoch genau andersherum. Beim Anblick der roten Frucht zieht sich sein Magen zusammen und ihm wird unwohl. Vielleicht, weil er einmal einen vergorenen Apfel erwischt hat oder weil er den Geschmack von Äpfeln einfach nicht mag. Durch das, was er bisher erlebte, sieht er den Apfel als etwas Schlechtes an. Doch wer hat nun recht?

Keiner und beide. Es geht nicht darum, wer nun die richtige Sichtweise hat, da Geschmacksfragen immer subjektiv und keiner allgemeinen Meinung unterzuordnen sind. Vielmehr geht es darum, dass Sie verstehen, dass unsere Sicht auf die Dinge stark von unserer Vergangenheit beeinflusst wird. Wussten Sie zum Beispiel, dass die meisten Angststörungen antrainiert sind und folglich auch wieder abtrainiert werden können? Um zu erfahren, weshalb wir in einer bestimmten Weise auf eine bestimmte Situation reagieren, müssen wir ergründen, was uns im Inneren, in unserem Unterbewusstsein, bewegt.

Wir verknüpfen Erinnerungen mit neuen und bereits bekannten Situationen, um sie besser einordnen zu können. Durch diese im Gehirn ablaufende Einsortierung in Schubladen kann es aber auch zu störenden Reaktionen kommen. Entweder stören sie uns selbst oder unsere Mitmenschen und wie so oft sollten wir den Fehler zuerst bei uns selbst suchen und nicht bei den anderen, auch wenn es auf diese Weise viel bequemer ist. Aber lassen Sie sich eines gesagt sein: Es mag bequem sein, doch auf Dauer in keiner Weise effektiv. Im Gegenteil sogar. Das Schöne ist hierbei jedoch, dass wir uns ändern können. Wir können unsere Probleme reflektiert betrachten und nach einer Lösung suchen und hierbei kann auch das neurolinguistisches Programmieren unglaublich hilfreich sein.

NLP soll uns dabei helfen, im Alltag, im Privaten sowie im beruflichen Leben bewusster mit unseren Emotionen umzugehen (heißt, dass wir in bestimmten Situationen Gefühlsausbrüche vermeiden oder unsere Entscheidungen, die wir lieber mit dem Kopf fällen wollen, frei von Emotionen entscheiden können), eine positive Denkweise zu schaffen und in diesem Zusammenhang auch negative Verhaltensmuster nachhaltig zu verändern.

Zum Beispiel, wenn uns eine bestimmte Situation immer wieder aus der Bahn wirft, dann ist unser Ziel, den Grund dafür zu suchen und diesen klein und unbedeutend für uns selbst zu machen, sodass wir in Zukunft solche Stresssituationen besser und effektiver handeln können. Des Weiteren kann neurolinguistisches Programmieren dafür sorgen, dass Sie Ihre eigene Wahrnehmung und Ihre Kommunikation mit sich selbst und mit anderen Menschen verbessern, und auch, dass Sie zukünftig durch Ihre Ruhe und positive Einstellung langfristig gute Lösungsansätze für Probleme finden können. Alles, was Sie dafür brauchen, ist den Willen, sich zu verändern, und natürlich auch den Willen, Zeit zu investieren, denn wie jeder weiß: Übung macht den Meister.

Sie sollten NLP als Werkzeugkasten zur Verbesserung Ihres Lebens sehen. Es ist eine Möglichkeit, die Qualität ihrer Kommunikation und der grundsätzlichen Einstellung zum Leben zum Positiven zu entwickeln und dabei auch Verhaltensweisen, die Sie stören, zu verändern. Grundsätzlich werde ich Ihnen schon zu Beginn des Ratgebers einen Tipp an die Hand geben: Wenn einmal etwas schiefläuft, dann halten Sie kurz inne, werden Sie sich Ihrer Emotionen (Trauer, Frust, Wut oder was auch sonst in diesem Moment hochkommt) bewusst, lassen Sie sie aber nicht ausbrechen. Bleiben Sie ruhig.

Denken Sie. Falls es Ihnen noch schwerfallen sollte, in Stresssituationen einen kühlen Kopf zu bewahren, dann kann ich das natürlich voll und ganz nachvollziehen. Genau aus diesem Grund gebe ich Ihnen gern noch den Grundsatz der Stoiker mit, der Ihnen helfen wird, in solchen Situationen ruhig zu bleiben. Dieser lautet wie folgt:

> *Verändere, was du verändern kannst, und akzeptiere, was du nicht ändern kannst.*

Wenn Sie sich diesen Satz vor Augen rufen und sich auf diese Weise besinnen, stellen Sie sich folgende Fragen: Wie kann ich aus der Situation das Beste machen? Was könnte sich im Nachhinein vielleicht sogar als Gut für mich herausstellen? Wie könnte mein Verhalten nützlich sein?

Wenn Sie sich all diese Fragen beantwortet haben, werden Sie feststellen, dass es gar nicht mehr so schlimm aussieht wie zuvor. Viele Dinge sind beim genauen Betrachten gar nicht so schrecklich, wie wir ursprünglich annahmen. Diese Grundlage ist bedeutend für die effektive und sinnvolle Nutzung des NLPs. Schließlich geht es beim neurolinguistischen Programmieren vor allem um zwei Dinge: **Selbstreflexion** und die dadurch erfolgende **Steigerung der Lebensqualität.**

„*Denk daran, es ist dein eigener Körper, dein eigenes Hirn. Du bist kein Opfer des Universums, du bist das Universum.*"

– Richard Bandler –

Die Geschichte des NLP

B evor ich Ihnen genaueres über verschiedene Methoden und praktische Übungen berichte, wie Sie mithilfe dieser Theorien Ihren Lebensalltag besser meistern können und dadurch auch beruflich mehr Erfolg haben werden, möchte ich Ihnen einen theoretischen Überblick über neurolinguistisches Programmieren geben, damit Sie in der Lage sind, neutral und reflektiert dieses Thema anzugehen – beginnend mit der Historie des NLPs.

Anfang der 1970er-Jahre, an der University of California in Santa Cruz, entwickelte der damalige Mathematikstudent und späterer Psychologe Richard Bandler zusammen mit dem Linguisten John Grinder das erste Grundkonzept des neurolinguistischen Programmierens. Es sollte ein neues Verfahren auf dem Gebiet der Kurzzeit-Psychotherapie werden.

In diesen ersten Publikationen wird auch das Konzept der Studie von Erfahrungen und den daraus resultierenden Handlungen viel besprochen. Genauer gesagt, bedeutet dies, das in den ersten Kapiteln bereits angesprochene Konzept der verschiedenen Sichtweisen auf zum Beispiel den Apfel, welcher durch subjektives Erleben in einem bestimmten Licht gesehen wird. Zu dieser Zeit ist Bandler Assistent von Gregory Bateson. Sein Einfluss auf NLP ist nicht genau nachgewiesen, doch wird er ihm von vielen Leuten zugesprochen.

In jedem Fall unterstütze er Bandler und Grinder in der ersten Zeit ihrer Forschungen, bevor er sich jedoch von ihren Ideen und Theorien distanzierte. In seiner Zeit der Unterstützung schrieb er das Vorwort zu ihrer ersten großen Publikation, bei der sie ein Modell mit verschiedenen sprachlichen Interventionen vorstellten, welches die beiden ihrem Studium von Virginia Satir und Fritz Perls entnahmen (zwei erfolgreiche

Psychotherapeuten). Auf Anraten von Bateson studierten Bandler und Grinder zusätzlich zu Satir und Perls noch Milton Erickson. Die beiden versuchten herauszufinden, was diese drei Therapeuten gemeinsam hatten und so erfolgreich machte.

Dabei fokussierten sie sich besonders auf die verbale und nonverbale Kommunikation. Die aus den Studien resultierenden Ergebnisse plus die Ergebnisse der Forschungen auf dem Gebiet der Linguistik bildeten den ersten Grundstock des neurolinguistischen Programmierens. Ein eindeutiges und schriftlich festgehaltenes Gerüst fehlte jedoch noch.

Mitte der 70er-Jahre wurden schließlich die ersten beiden Bücher zu dieser Thematik veröffentlicht. Zuerst publizierten Bandler und Grinder die Entwicklung des PRS-Systems (Preferred Representational System). Dieses beschreibt die Annahme, dass alle Menschen ihre Umgebung individuell wahrnehmen, unter anderem durch die Präferenz verschiedener Sinnesorgane. Heißt, dass Menschen ihre Sinnesorgane unterschiedlich effektiv nutzen. Manche nehmen den Großteil der aufgenommenen Informationen über die Augen war und andere über die Ohren. 1976 folgten Perls und Satir mit ihrem Buch über die Analyse der Sprachstrukturen, welches das erste Metamodell des neurolingu-

istischen Programmierens darstellte. Im Jahr 1979 ver-
öffentlichte Erickson das Milton-Modell, basierend auf
seinen Untersuchungen als Hypnotherapeut.

Ursprünglich vereinte NLP verschiedene Gebiete
der Psychotherapie, darunter die Gestalttherapie, die
Hypnotherapie und auch die Familientherapie. Inzwischen wird NLP als Sammlung verschiedener psycho-
logischer Verfahren und Modelle der zwischenmenschlichen Kommunikation verstanden. Dieses soll,
bei korrekter Anwendung, zu einer Verbesserung der
Kommunikation und Einflussnahme führen, und zwar
auf zwischenmenschlicher und innermenschlicher Basis.

Der Großteil der wissenschaftlichen Untersuchungen zum Thema neurolinguistisches Programmieren fand in den 80er-Jahren statt. In diesen Jahren
wurde NLP von Thies Stahl und Gundl Kutschera nach
Deutschland und Österreich gebracht und somit nach
und nach in ganz Europa populär. Insgesamt gingen
die wissenschaftlichen Forschungen und Studien um
das neurolinguistische Programmieren in den letzten
Jahren stark zurück. Eines der wenigen größeren wissenschaftlichen Projekte aus den letzten Jahren zu diesem Thema (mit dem Namen: NLP and Learning) entstand an der University of Surrey.

Inzwischen ist neurolinguistisches Programmieren eine der meistverbreiteten Methoden des Kommunikations- und Verhaltenstrainings und auf dem Weiterbildungsmarkt auch sehr gefragt. Die meisten praktizierenden/lehrenden Verbände bezeichnen NLP nicht mehr als Wissenschaft oder ein psychotherapeutisches Verfahren, sondern als Modell des menschlichen Lernens und der Kommunikation. Nichtsdestotrotz finden bestimmte Ansätze und Konzepte des NLPs bei manchen Therapeuten einen Platz in den Behandlungen.

Grundsätzlich ist neurolinguistisches Programmieren als Methodensammlung zu sehen, welche auf diversen wissenschaftlichen Theorien basiert. Einige davon sind zum Beispiel: Der Konstruktivismus, die klassische Konditionierung nach Pawlow (sie findet sich im NLP unter dem Begriff *Ankern* wieder), die sozial-kognitive Lerntheorie von Albert Bandura, die nach William James formulierte Theorie der Sinn-spezifischen Repräsentationssysteme als Grundbausteine der Informationsverarbeitung und des subjektiven Erlebens und natürlich auch die therapeutische Arbeit von Fritz Perls, Virginia Satir und Milton Erickson.

Alle diese Methoden wurden über die Jahre lose übernommen und in das NLP übernommen, ohne dabei jedoch den Anforderungen einer wissenschaftlichen Theorie zu genügen. Inzwischen gibt es über 30 verschiedene NLP-Formate, was eine wissenschaftliche Anerkennung noch zusätzlich erschwert. Auch, wenn viele dieser Methoden an oder aus wissenschaftlichen Schulen an- oder entlehnt sind. In Österreich wurde aus diesem Grund Anfang 2007 die neurolinguistische Psychotherapie (NLPt) gegründet.

Diese ist offiziell als Methode der Psychotherapie in Österreich anerkannt. Dabei sollen die Mängel des NLP überwunden werden und durch entsprechende Aus- und Weiterbildungen ein wissenschaftlicher Standard hergestellt werden. In Deutschland ist NLPt jedoch nicht als Therapiemethode anerkannt.

Zu guter Letzt will ich Ihnen den Begriff „Programmieren" etwas näher erläutern, den man gut und gern mit dem Wort „manipulieren" übersetzten kann. Aufgrund der Möglichkeit, neurolinguistisches Programmieren manipulativ gegen andere einsetzen zu können, stellen viele Trainer und Forscher in diesem Bereich die Wichtigkeit der moralischen und ethischen Werte klar. Das Ziel des NLPs ist nicht manipulativ im Sinne von Verkaufspsychologien, sondern geht es vielmehr darum, den Klienten zu helfen und so ihre Lebensqualität zu steigern. Aus diesem Grund bitte ich auch Sie, die in diesem Ratgeber vorgestellten

Methoden nicht umzuwandeln und zum Schaden von Mitmenschen einzusetzen.

„*Wir brauchen nicht so fortzuleben, wie wir gestern gelebt haben. Machen wir uns von dieser Anschauung los und tausend Möglichkeiten laden uns zu neuem Leben ein.*"

– Christian Morgenstern –

NLP und die vor-gebrachte Kritik

Bevor Sie sich in den folgenden Kapiteln mit den verschiedenen Methoden des neurolingu-istischen Programmierens vertraut machen, werde ich Ihnen im letzten reinen theoretischen Kapi-tel dieses Ratgebers die verschiedenen Kritikpunkte am NLP vorstellen, sodass Sie sich ein reflektiertes und möglichst neutrales Bild des NLPs machen können.

An sich steht neurolinguistisches Programmieren inzwischen recht gut da. Es ist als effiziente und auch ernst zu nehmende Methode des Kommunikations-

und Verhaltenstrainings anerkannt und in vielen Ländern, so auch in Deutschland, weitverbreitet. Problematisch wird es dann, wenn Menschen, welche NLP praktizieren, neurolinguistisches Programmieren wissenschaftlich anerkannten Methoden gleichsetzten.

Des Weiteren kann NLP auch für durch und durch schlechte Zwecke verwendet werden, da es gewisse manipulative Eigenschaften besitzt. Unter anderem aus diesen Gründen kam es dazu, dass NLP Mitte der 80er-Jahre ein unheimlich schlechtes Image hatte und in einigen Staaten, darunter auch Deutschland, sehr verpönt war. Viele der seriösen NLP-Praktizierenden und -Anbieter von heute erklären, dass neurolinguistisches Programmieren sein Image durch einige schwarze Schafe verloren hat, doch die Methoden weiterhin gefragt sind, nur häufig unter einem anderen Namen besser ankommen.

Nun haben Sie einen ersten groben Überblick bekommen, doch ich möchte Ihnen einige weitere Informationen zu den Stimmen der Kritiker geben und welche guten und welche weniger guten Punkte sie hervorbringen.

Wie ich zu Beginn des Kapitels bereits andeutete, kann es durchaus problematisch sein, NLP als fundierte Wissenschaft zu vermarkten. Es ist nun mal in

Deutschland nicht als eine anerkannt und sollte auch dementsprechend gehandhabt werden. Von manchen kritischen Stimmen wird NLP sogar als „Pseudowissenschaft" bezeichnet, was aber ohne die sogenannten „schwarzen Schafe" wohl nie passiert wäre. Schlechte Folgen kann solch eine Vermarktung nicht nur in Bezug auf das Image des neurolinguistischen Programmierens haben, sondern auch für seriöse Praktizierende oder sogar für andere anerkannte Wissenschaften.

Viele Menschen wenden sich bei schwerwiegenden Problemen gern den, nennen wir sie, alternativen Heilmethoden zu, anstatt sich professionelle Hilfe zu suchen. Sie sollten sich also im Klaren sein, dass bei tief sitzenden Problemen oder Störungen NLP keinen Besuch bei einem Psychotherapeuten ersetzen kann. Jedoch ist erwiesen, dass einige der im NLP verwendeten Methoden durchaus wirksam sind, wenn sie richtig praktiziert werden. Allerdings gibt es inzwischen so viele verschiedene Menschen, die NLP-Kurse anbieten, dass es aus diesem Grund immer schwieriger wird, einen guten Lehrer in diesem Bereich zu finden. Hierbei wären wir wieder bei den „schwarzen Schafen".

Der Psychologe Colin Goldner kritisiert in diesem Zusammenhang die Problematik, dass einige der unseriösen Anbieter, die sich natürlich niemals als solche bezeichnen würden, esoterische Lehren in ihre Seminare einfließen lassen und nicht zwischen den auf wissenschaftlichen Theorien und Methoden beruhenden Elementen des neurolinguistischen Programmierens und pseudowissenschaftlichen Ideen differenzieren. NLP ist keine Wunderheilmethode, dies sollte Ihnen klar sein, sondern ein Konzept des menschlichen Lernens und Kommunizierens, durch welches langfristige Ziele erfolgreich erreicht werden können.

Dies unterstreichen auch die diversen Studien, die sich mit dem Thema neurolinguistisches Programmieren befassen und die verschiedenen Methoden auf ihre tatsächliche Wirksamkeit überprüft haben. Bei all diesen Forschungen stellte sich nämlich heraus, dass manche der so gelobten Übungen nicht oder kaum wirksam sind. Eine der bekanntesten Methoden, deren tatsächliche Wirksamkeit in diversen Studien widerlegt wurde, ist die Augenbewegungshypothese. Sie soll uns eigentlich dabei helfen, uns besser an gewisse Dinge zu erinnern, indem wir unsere Augen in bestimmte Richtungen bewegen; jede dieser Richtungen ist mit einem unserer Sinne verknüpft.

Wenn wir uns also an einen bestimmten Geruch erinnern wollen, den wir einmal gerochen haben, dann bewegen wir die Augen zum Beispiel nach links oben, bei einem Geschmack dafür nach rechts unten. Wie Sie nun aber bereits wissen, ist die tatsächliche Wirksamkeit und damit auch die Nützlichkeit dieser Methode von vielen wissenschaftlichen Studien widerlegt worden und aus diesem Grund auch stark umstritten.

In diesem Ratgeber werde ich Ihnen keine der nicht wirksamen Methoden vorstellen, sondern nur die, bei denen eine positive Wirksamkeit festgestellt wurde. Natürlich kann und werde ich aber auch hier keine Wunder-Wirksamkeit versprechen. Die Wirksamkeit der Methoden hängt von der Arbeit und Geduld ab, die Sie bereit sind zu investieren. Lernen bedeutet Wiederholungen. Persönlichkeitsveränderungen oder Manipulationen im Unterbewusstsein sind Prozesse, die Geduld und immer wiederkehrende Repetition brauchen, um wirklich etwas zu bewirken. Sie werden also eine gewisse Ruhe, Hartnäckigkeit und Geduld an den Tag legen müssen, um Erfolge erzielen zu können, doch ich verspreche Ihnen, dass diese, wenn sie eintreten, die Mühen wert waren.

Doch, zurück zur Kritik am neurolinguistischen Programmieren.

Zusätzlich gibt es das Problem des manipulativen Potenzials, welches neurolinguistisches

Programmieren besitzt. Zu diesem Aspekt folgt nun ein Zitat von Gundl Kutschera, die sich einmal in einem Interview zu dieser Thematik äußerte.

„Da ich mit John Grinder befreundet bin, habe ich die Chance, viel mit ihm zu diskutieren. In seinen Ausbildungen vermittelt er nur Tools und übergibt die Verantwortung über deren Anwendung ganz den Teilnehmern. Ich finde dagegen, dass der ethische Rahmen genauso unterrichtet werden muss wie die NLP-Tools. Erst die Kombination von beiden ermöglicht ein respektvolles menschliches Miteinander. Ein anderer wesentlicher Punkt in der Weiterentwicklung von NLP ist der systemische Ansatz, der mir sehr wichtig ist. Dieses Verständnis hilft zu erkennen, dass jedes Problem eine Fähigkeit ist, die am falschen Platz zur falschen Zeit angewandt wird. Zum Beispiel ist »Verantwortung übernehmen« eine wunderbare Fähigkeit. Diese gleiche Fähigkeit kann aber in verschiedenen, anderen Situationen sehr störend sein wie z.B. beim Genießen, beim Sex, beim Spielen und Ähnlichem. Dazu gibt es verschiedene Rollenmodelle, die Menschen helfen zu erkennen, was sie gut gelernt haben (ihre Fähigkeiten) und all jenes, was sie nicht gelernt haben und nicht können. Das nicht Gelernte kann jederzeit dazu gelernt werden.“

– Gundl Kutschera –

Inzwischen ist der Aspekt der Moral und der Ethik in Deutschland und Österreich bei den meisten seriösen Lehrenden ein fester Bestandteil ihrer Seminare und auch nicht ohne Grund. Diese Aspekte sind quasi wie eine Gebrauchsanleitung von verschiedenen Handwerkswerkzeugen. Jede tolle Erfindung kann von einem Menschen, der entsprechende Absichten verfolgt, für etwas Schreckliches missbraucht werden.

Nehmen Sie als Beispiel einfach ein Brotmesser. Ein unglaublich hilfreiches Tool, welches wahrscheinlich so gut wie jeder bei sich zu Hause liegen hat. In den falschen Händen kann aber mit diesem praktischen Haushaltswerkzeug großer Schaden angerichtet werden. Beim neurolinguistischen Programmieren verhält es sich ähnlich. Es sind Werkzeuge, mit denen Sie Gutes, genauso aber auch Schlechtes, bewirken können. Manche der Techniken, von denen Sie auch noch einige in den folgenden Kapiteln kennenlernen werden, haben bei falscher Nutzung durchaus manipulatives Potenzial und können dazu dienen, anderen Menschen zu schaden oder sie für Ihre eigenen Zwecke auszunutzen.

Von solch einem Verwendungszweck bitte ich Sie inständig, Abstand zu nehmen und neurolinguistisches Programmieren für das zu nutzen, wofür es ursprünglich entworfen wurde: zur **Steigerung der Lebensqualität** aller Betroffenen. Also für Sie und genauso auch für das Leben Ihrer Mitmenschen.

„Der Langsamste, der sein Ziel nicht aus den Augen verliert, geht noch immer geschwinder, als jener, der ohne Ziel umherirrt."

– Gotthold Ephraim Lessing –

Ziele & Anwendungsbereiche des NLP

ANWENDUNGSBEREICHE

Wie Sie bereits in den vorhergegangenen Kapiteln lesen konnten, hat sich neurolinguistisches Programmieren in Deutschland als Werkzeugkasten für verschiedene Persönlichkeits- und Kommunikationsentwicklungen etabliert. In vielen Unternehmen ist es inzwischen sogar Pflicht für Mitarbeiter bestimmter Abteilungen, Kurse und Weiterbildungen im Bereich des NLPs zu besuchen, um erforderliche Skills zu erlernen, die bei der Arbeit von Bedeutung und Relevanz sein können.

Grundsätzlich kann man sagen, dass NLP überall dort Anwendung findet (bewusst und auch unbewusst), wo die Ausschöpfung des eigenen Potenzials und die Kommunikation wichtig sind. Zu all diesen verschiedenen Bereichen gehören unter anderem, wie bereits angedeutet, gewisse Bereiche in der Wirtschaft. Zum Beispiel im Management, in welchem Krisenhandling und die Problemlösung zu der Tagesordnung gehören.

Ein guter Manager hat zwangsläufig bestimmte Skills, die durch neurolinguistisches Programmieren vermittelt oder verbessert werden können. Aber auch im Verkauf und der Beratung ist die Kommunikation eines der wichtigsten, wenn nicht sogar das wichtigste Tool, welches der oder die Angestellte besitzen sollte. Wie bereits gesagt, lassen auch viele Firmenchefs oder andere Arbeitgeber ihre Arbeitnehmenden Kurse besuchen, die viele Elemente des NLPs beinhalten und vermitteln. Manchmal sind diese Kurse explizite NLP-Kurse, bei denen das Gelernte für eine Verbesserung der Kompetenzen des Arbeitenden und auch des Miteinanders im Betrieb sorgen soll.

Des Weiteren greifen auch viele Politiker auf Kommunikationstricks zurück, die auf den Forschungen der NLP-Begründer Bandler und Grinder beruhen.

Mehr dazu werden Sie im Kapitel über verschiedene Methoden und dazu passenden Übungen erfahren.

Genauso sind diese Kniffe auch unter Pädagogen, also Lehrern, Kindergärtnern oder auch Sozialpädagogen, nicht unbekannt, sondern viel mehr Teil ihrer Ausbildung. Auch, wenn der Begriff NLP dabei nicht unbedingt eine Rolle spielen muss, ist die vermittelte Methodik doch recht deckungsgleich. Und wenn schon Pädagogen diese Methoden erfolgreich nutzen, so tun dies auch die meisten, teils unbewusst, in der Erziehung ihrer Liebsten. Genauso finden gewisse Teile des neurolinguistischen Programmierens Einzug in vielen unserer Freizeitaktivitäten und Hobbys.

Außerdem kann die Kanalisierung von Teilen unseres Unterbewusstseins und der Selbstreflexion zur Entwicklung oder Verbesserung von kreativen Tätigkeiten wie dem Schreiben, der Musik oder auch bildenden und darstellenden Künsten führen. Es gibt so gesehen eigentlich keinen Lebensbereich, in dem NLP nicht zur Verbesserung führen kann oder nicht bereits, meist unbemerkt von uns, dies bereits tut.

Doch worum es speziell in diesem Ratgeber gehen soll, sind die Möglichkeiten, die Ihnen neurolinguistisches Programmieren in Bezug auf Ihre eigene

Persönlichkeitsentwicklung und geistige Gesundheit geben kann.

Gute Kommunikation ist ein Schlüssel für diverse Entwicklungen. Bleiben wir für diesen Punkt beim Beispiel der Unternehmensleitung oder Mitarbeit. Die Optimierung des eigenen Verhaltens und somit die daraus resultierende Verbesserung der zwischenmenschlichen Beziehungen und der Fähigkeiten als Anführer sind ein wichtiger Aspekt, den Sie immer im Kopf behalten sollten. Als Grundlage für effektive Gespräche ist es sinnvoll, damit zu beginnen, einen guten Rapport herzustellen, also ein gewisses gegenseitiges Einvernehmen und somit die ersten Sympathien durch kleine Gemeinsamkeiten aufzubauen.

Nehmen wir als Beispiel die folgende Situation: Sie befinden sich auf einer Firmenveranstaltung, leider sind Sie neu und kennen dementsprechend noch wenige Leute. Aus diesem Grund beschließen Sie, Ihre Beziehungen zu erweitern und dabei vielleicht auch neue Freundschaften zu schließen. Also suchen Sie das Gespräch mit einem freundlich aussehenden Mann. Vielleicht fragen Sie sich jetzt, wie Sie auf die Schnelle eine Gemeinsamkeit herausfinden können, durch die sich anschließend leichter Rapport aufbauen lässt. Nichts einfacher als das: Sie befinden sich auf einer

Firmenveranstaltung, ebenso wie der Mann. Ihre erste Gemeinsamkeit ist offensichtlich – Sie befinden sich beide hier. So banal es auch klingen mag, doch selbst die kleinsten Gemeinsamkeiten verbinden Menschen und können für gegenseitige Sympathie sorgen. Dies ist die beste Grundlage für alles Weitere. Sei es eine Freundschaft, eine Geschäftsbeziehung, eine Beziehung oder was auch immer. Suchen Sie zu Beginn des Gesprächs nach Gemeinsamkeiten, über die Sie sich mit Ihrem Gegenüber austauschen können.

Drei wichtige Punkte, die im NLP zu beachten sind, wenn es auf die Probleme von großen Unternehmen bezogen eingesetzt werden soll, sind:

- **lösungs- und zielorientiertes Denken**
- **effektive Handlungsstrategien** erlernen oder weiterentwickeln
- **Wahrnehmungsfähigkeit optimieren.**

Bedenken Sie genau diese drei Punkte und fragen Sie sich selbst, wie gut sind meine Fähigkeiten in jedem dieser drei Felder? Bin ich mit meinen Skills zufrieden oder könnten Sie noch besser werden? Schaffe ich es auch in Stresssituationen, mich meiner Fähigkeiten zu besinnen und sie auch effektiv einzusetzen? Wenn die

Antwort auf eine dieser Fragen „Nein" lautet, dann sollten Sie darüber nachdenken, neurolinguistisches Programmieren als Weg zur Verbesserung Ihrer Problemzonen zu nutzen. Es gibt diverse NLP-Techniken, welche besondere Relevanz für den Alltag im Unternehmen besitzen, da sie die Kommunikation und Ihr Verständnis derselben schulen und verbessern.

Während Konfliktsituationen ist es immer sinnvoll und förderlich für die Lösungsfindung, sich die Sicht des Gegenübers anzueignen, um so seine Motive und seine Motivation nachvollziehen und verstehen zu können. Ein guter Verhandlungspartner kennt die Bedürfnisse und Wünsche seines Gegenübers und weiß dementsprechend auch, auf diese einzugehen. Rapport bleibt hier das Stichwort. Wir gehen viel lieber einen Kompromiss mit den Menschen ein, die uns Respekt, Verständnis und Freundlichkeit entgegenbringen. Aus diesem Grund ist es in jedem Lebensbereich und natürlich auch im beruflichen Teil Ihres Lebens von großem Nutzen, wenn Sie gewisse Aspekte der Kommunikation verstanden haben und wissen, welche Methoden für eine gute Gesprächsatmosphäre sorgen, aus denen später konstruktive Ideen und Vorschläge hervorgehen, welche Sie und/oder Ihr Unternehmen weiterbringen werden.

Des Weiteren kann sich neurolinguistisches Programmieren förderlich für Ihre geistige Gesundheit zeigen. Und wie Sie wahrscheinlich wissen, wirkt sich eine gute geistige Gesundheit auch positiv auf unsere körperliche Gesundheit aus.

Wie sagt man so schön: „Der Glauben kann Berge versetzen." Nun, ganz wahr ist dieses Sprichwort natürlich nicht, doch ist die Kernaussage definitiv richtig. Als Beispiel hierfür möchte ich Ihnen den Placebo-Effekt darlegen. Viele Studien haben inzwischen herausgefunden, dass es diverse Medikamente gibt, die keinen Wirkstoff beinhalten, der gewisse Symptome lindert, mit anderen Worten, sie haben keine Wirkung. Warum wirken sie dann trotzdem? Ganz simpel. Unser Kopf glaubt an die Wirksamkeit dieser Mittel. Allein dadurch kämpfen die Abwehrkräfte unseres Körpers effektiver gegen die Viren, Bakterien oder was auch immer es sonst gerade ist, was unseren Körper angreift.

Genauso werden unsere Immunkräfte durch ein positives Mindset und das simple Gefühl des Glücklichseins gestärkt. Natürlich werden Sie durch bloßen Willen nicht nie wieder krank. Zu einer guten Gesundheit gehört ohne Frage noch einiges mehr dazu, wie gesunde Ernährung, frische Luft und Sport, doch trägt unsere geistliche Kondition einiges dazu bei. Nicht umsonst werden glückliche Menschen statistisch gesehen seltener krank.

Verdeutlichen wir das Ganze noch einmal mit dem Beispiel der Stresskrankheit Burn-out: Stress ist ein Gefühl, dass wir selbst in unserem Kopf auslösen, indem wir uns zu viel Druck machen. Nicht umsonst gibt es die Floskel „Mach dir keinen Stress." Diese Formulierung ist ziemlich die beste, die es im Zusammenhang mit Stress gibt. Zwar sagen wir gern auch, dass wir *Stress haben*, doch eigentlich *machen* wir ihn uns. Natürlich können andere Menschen Druck von außen auf uns ausüben, doch was wir daraus machen, ist am Ende nur unsere Sache. Wie sehr lassen wir uns unter Druck setzen? Wie sehr lassen wir uns von Druck aus der Bahn werfen? Es ist eine Frage der Selbstbeherrschung und der inneren Gelassenheit. Wenn sich nun aber der Druck immer weiter verstärkt und so auch der Stress immer größer wird, kann es zu einem sogenannten Burn-out kommen. Einem körperlichen und geistigen Zusammenbruch der betreffenden Person und das alles nur wegen eines Gefühls, welches ursprünglich aus unserem Kopf entstammt.

Sie verstehen nun also, wie sehr der Glaube an etwas Dinge bewegen kann. Aus diesem Grund ist es so wichtig, reflektiert auf die Welt zu blicken und einen klaren Kopf zu bewahren. In den folgenden Kapiteln dieses Ratgebers werden Sie einen Überblick über die Praxis um neurolinguistisches Programmieren erhalten und so entsprechende Fähigkeiten erlernen oder, wenn Sie bereits gewisse Erfahrungen und Skills besitzen, diese verbessern und weiterentwickeln.

ZIELE

Grundsätzlich kann man die diversen Ziele der korrekten Anwendung des neurolinguistischen Programmierens unter einem einfachen Stichpunkt zusammenfassen: **die Verbesserung der Lebensqualität.** Da dies allerdings sehr stark verallgemeinert ist, möchte ich Ihnen eine detaillierte und genauere Übersicht über die Kernziele des NLPs geben.

Im Allgemeinen befasst sich neurolinguistisches Programmieren immer mit der Kommunikation. Sei dies nun die verbale oder nonverbale mit unseren Mitmenschen – oder auch die innere Kommunikation mit uns selbst. Viele NLP-Anwender sehen NLP als eine Methodensammlung, die sich über die Jahre immer weiterentwickelt und neue Tools in ihr Repertoire aufnimmt. Diese beinhalten verschiedene NLP-Formate.

Man kann dies auch als Handlungsanweisungen beschreiben, schließlich geht es darum, das Verhalten von uns in bestimmten Situationen zu einem uns gefälligen Ziel hin zu verbessern.

Durch diese Formate oder auch Handlungsanweisungen haben wir einen Grundsatz, auf dessen Basis wir handeln lernen können. *Niemand ist perfekt* ist hierbei ein Satz, den wir uns immer wieder in Erinnerung rufen sollten, wenn wir mit gewissen Marotten nicht zufrieden sind oder unsere vorgenommenen Ziele der Persönlichkeitsentwicklung nicht so schnell erreichen, wie wir gehofft haben. Veränderung ist ein Prozess, der immer Zeit benötigt, um sich wirklich effektiv zu etablieren, besonders, wenn es dabei um unsere Persönlichkeit geht.

Die meisten Anwender und seriösen Trainer des neurolinguistischen Programmierens folgen einer Struktur aus zwei Punkten, um die Punkte des NLPs am besten weiterzugeben und zu vermitteln. Sie müssen aber kein Profi oder NLP-Trainer sein, um die Nutzung dieser beiden Punkte zu verstehen, und Sie werden ebenso erkennen können, dass sich diese ebenso bei Ihnen selbst anwenden lassen, um somit zu langzeitlich besseren Resultaten zu kommen.

In vorhergegangenen Kapiteln hatte ich Ihnen bereits die Wichtigkeit des *Rapport-Herstellens* erläutert.

Nun, diese Fähigkeit spielt in Bezug auf Punkt Eins ebenfalls eine Rolle. Indirekt auch für Punkt Zwei, da dieser durch das Erfüllen des Ersteren erst ermöglicht wird. Der erste Schritt ist die Methode des **Pacings** (Spiegeln), aufbauend auf diesen wird das **Leading** (Führen) ermöglicht. Beide Methoden will ich Ihnen nun genauer erklären und auch mit Anwendungsbeispielen und Tipps versehen.

PACING

Bei dieser Methode geht es darum, eine Art Rapport herzustellen. Diese Methode basiert auf der Annahme, dass Menschen, die sich einander angleichen oder ähnlich sind, sich besser verstehen. Das heißt, dass sie eine ähnliche Körperhaltung einnehmen wie ihr Gegenüber, vielleicht einige Gesten nachahmen, die Arme auf eine ähnliche Weise ablegen, Tonfall, Lautstärke und Sprechtempo auf einem ähnlichen Level sind.

Achten Sie in Ihrer Umgebung mal darauf. Natürlich können Sie sich auch Fernsehinterviews ansehen. Meistens übersehen wir solche Dinge, einfach aus dem Grund, dass wir nie wirklich gelernt haben, ihnen

Aufmerksamkeit zu schenken. Doch kann das Wissen hierum ausgesprochen hilfreich sein. Wenn Sie zum Beispiel das nächste Mal ein Date haben, dann können Sie auf die Körpersprache und Sprechweise Ihres Gegenübers achten. Falls er oder sie sich bei einem bestimmten Thema körperlich von Ihnen abwendet, dann können Sie daraus schließen, dass Ihr Date mit recht hoher Wahrscheinlichkeit nicht gern darüber reden möchte oder eine andere Meinung vertritt als Sie. Versuchen Sie aber nicht, Zuneigung und Sympathie durch das bewusste Nachahmen von Körpersprache und Sprechgewohnheiten zu erlangen. Wissenschaftler fanden heraus, dass wir dies zwar nur selten bewusst wahrnehmen, doch unser Unterbewusstsein merkt, dass etwas falsch ist, und dies führt zu negativen Reaktionen des Gesprächspartners, wie zum Beispiel Abneigung und Misstrauen.

Es ist also wichtig, die richtige Dosis zu finden, wenn Sie Pacing bewusst und gezielt einsetzen wollen. Nicht zu viel auf einmal zu wollen und zu machen, ist hierbei essenziell. Vielleicht reicht auch schon die Nachahmung einer bestimmten Art, den Arm auf die Stuhllehne zu legen, und Ihr Gegenüber beginnt, sich unbewusst Ihrer Körpersprache anzugleichen.

LEADING

Beim sogenannten Leading handelt es sich um eine Methode, bei der im Gespräch die Führung übernommen werden soll. Häufig kommt diese Taktik in Verkaufsgesprächen zum Einsatz und wird dementsprechend auch in Verkaufstrainings immer wieder vorgestellt. Um allerdings wirklich ein gutes Gespräch führen zu können, sollten sich Pacing und Leading abwechseln. Stellen Sie sich folgende Frage: Für wen erledigen Sie lieber eine Aufgabe, die Ihnen eigentlich nicht gerade zusagt? Für jemanden, den Sie persönlich nicht leiden können, der aber in der Hierarchie über Ihnen steht und deswegen das Sagen hat, oder einen Kollegen, den Sie gut leiden können, der Sie freundlich bittet? Vermutlich Zweiteres, oder?

Deswegen sind in der Menschheitsgeschichte auch oft die Anführer mit den gefestigtsten Positionen die, die zwar streng sind, doch von ihren Anhängern respektiert und geliebt werden. Natürlich ist Angst ein Mittel, welches Gehorsam hervorbringt, doch ist dieses nie so gut, wie das, welches aus freien Stücken entsteht. Autorität, die sich auf Angst stützt, ist nie von Dauer. All dies hier mag vielleicht ein wenig extrem wirken als Beispiel, doch so ist es wesentlich einfacher nachvollziehen. Die meisten Menschen lassen sich nicht sehr gern herumkommandieren und herumschubsen, aus diesem Grund ist es besonders wichtig, bei Gesprächen eine gesunde Mischung aus Leading und Pacing zu finden, um die bestmöglichen Ergebnisse erzielen zu können.

„*Weisheit kommt durch Erfahrung, doch Erfahrung ist nicht genug. Vorweggenommene und verarbeitete Erfahrungen sind die wahre Quelle der Weisheit.*"

– John Grinder –

Die NLP-Vorannahmen

Ein wichtiger Teil der neurolinguistischen Programmierung sind die Vorannahmen. Dabei handelt es sich um Sätze, die ein gewisses Verhaltensmuster unterstützen und definieren. Diese wurden von Bandler und Grinder während ihrer Studien von erfolgreichen Psychotherapeuten gesammelt und anschließend niedergeschrieben. Ich möchte Ihnen hier die zwölf Wichtigsten vorstellen.

12 VORANNAHMEN

Die Landkarte ist nicht das Gebiet.

Dies Grundsatz basiert auf Ideen von Alfred Korzybski. Er besagt, um auf metaphorischer Ebene zu bleiben, dass man eine Landkarte vielleicht intensiv studiert hat und sie nun in- und auswendig kennt, doch kennt man die echte Landschaft nicht, sondern nur ihr Modell. Dies lässt sich auf diverse Bereiche im Leben übertragen. Viele Menschen konzentrieren sich vor allem auf die Theorie und machen sich mit dieser vertraut, doch lernen dabei nicht aus der Praxis. Dies kann unter anderem auch die Kommunikation betreffen, da das alleinige Kennen gewisser Gesprächstaktiken einen nicht zu einem guten Sprecher macht. Es ist immer wichtig, das große Ganze kennenzulernen und aus der Kombination von Landkarte und Landschaft zu lernen. Somit erzielen wir das bestmögliche Resultat.

Menschen treffen innerhalb ihres Modells von der Welt grundsätzlich die beste ihnen mögliche Wahl.

Jeder einzelne von uns hat eine gewisse Sicht auf die Dinge. Jeder von uns hat andere Werte, die er vertritt und nach denen er handelt. Mit anderen Worten: Jeder von uns hat ein eigenes Weltbild. Dieses basiert auf unseren Erfahrungen und unserer Erziehung und ist die Basis unseres Denkens und Handelns. Die Wahl, die ein Mensch nach langem Überlegen trifft, die für ihn die beste aller Möglichkeiten darstellt, kann von einem anderen Menschen als moralisch verwerflich verstanden und als nicht nachvollziehbar angesehen werden. Alle Menschen haben verschiedene Moralvorstellungen und Ideologien, nach denen sie handeln. Prioritäten werden anders gesetzt, Gedankengänge anders geführt. Wichtig hierbei ist nur, zu verstehen, dass hinter jedem Handeln eines Menschen immer ein Grund zu finden ist oder eine Motivation, welche in seinem Weltbild Sinn ergibt, egal, wie irrational die Entscheidung auf Sie wirken mag. Genauso ist es aber auch andersherum.

Vielleicht mögen Ihre Ideale angezweifelt werden, doch so lange Sie durch diese anderen Menschen keinen Schaden zufügen, ist dies in keiner Weise verwerflich. Denken Sie daran, dass jeder Mensch einzigartig ist und aus diesem Grund anders denkt als Sie.

Jedes Verhalten ist durch eine positive Absicht motiviert.

Diese Vorannahme geht davon aus, dass jedwede Entscheidung, die ein Mensch fällt, oder jede Tat, die ein Mensch vollzieht, im Weltbild dieser Person eine positive Motivation hat. Hierbei ist aber wichtig zu sagen, dass gewisse Taten nicht ohne Konsequenzen bleiben. Bei dieser Vorannahme geht es vor allem um den psychotherapeutischen Aspekt, gegen ein negatives Selbstbild vorzugehen, um somit in Kombination mit wissenschaftlich anerkannten Mitteln zum Beispiel Selbstzweifel oder sogar Selbsthass zu bekämpfen. Merke: *Diese Vorannahme besagt nicht, dass jede Tat gut ist.*

Menschen haben alle Ressourcen in sich, die sie brauchen, um ihre Probleme zu lösen.
Offensichtlich geht es hierbei vor allem um die Probleme, die wir mit uns selbst haben: Unsicherheiten und Unzufriedenheiten, mangelndes Selbstbewusstsein, ein unsicheres Auftreten und so weiter.

All dies können wir ohne äußere Einflüsse erfolgreich und effektiv zum Besseren verändern. Das Einzige, was wir hierfür benötigen, ist unseren Willen und ebenso Durchhaltevermögen. Natürlich können wir mit unseren inneren Ressourcen nicht äußere Probleme direkt lösen. Nehmen wir als Beispiel folgendes:

Gehen wir davon aus, dass Sie sich vor Kurzem eine neue Wohnung zugelegt haben. Unglücklicherweise sind Sie kurz darauf in eine finanzielle Notlage gekommen. Natürlich können Sie diese nicht durch innere Ressourcen lösen. Jedoch können Sie durch Ihre Skills, welche Sie durch Ihre inneren Ressourcen aufgebaut und verbessert haben, dafür sorgen, dass Sie im Privatleben und im Beruf erfolgreicher werden und somit die Krise gekonnt lösen.

Der positive Wert eines Individuums bleibt konstant, aber die Angemessenheit des Verhaltens kann angezweifelt werden.
Es ist wichtig, respektvoll miteinander umzugehen. Ein Mensch ist ein Mensch, egal, welche Entscheidungen er in seinem Leben traf oder welche Taten er ausführte. Grundsätzlich sollten Sie im Kopf behalten, dass jeder Mensch einen gewissen Wert hat und dementsprechend auch mit einem gewissen Grundrespekt behandelt werden soll. Natürlich können seine Handlungen moralisch angezweifelt werden, doch sollte dies immer mit einem gewissen Respekt passieren. Genauso sollten wir auch mit uns selbst umgehen, wenn wir zum Beispiel eine Entscheidung getroffen haben, die wir im Nachhinein vielleicht bereuen. Jeder macht

Fehler und es ist essenziell, nicht zu vergessen, dass jeder Mensch Fehler hat und macht und niemand perfekt ist.

Es gibt in der Kommunikation keine Defizite oder Fehler. Alles ist Feedback.

Bei dieser Vorannahme geht es darum, sich selbst oder andere auf die konstruktive Aufnahme von Kritik vorzubereiten. Gern sind wir eingeschnappt oder reagieren aggressiv, wenn gewisse Handlungen oder Entscheidungen von uns angeklagt werden. Wir müssen alle im Laufe unseres Lebens lernen, mit jeglicher Art von Kritik auf eine vernünftige und erwachsene Weise umzugehen. Kritik ist immer Feedback. Wie dieses nun vorgebracht wurde, ist nicht unsere Sache, doch was wir daraus machen, liegt ganz allein bei uns selbst. Der beste Weg ist wohl, darüber reflektiert nachzudenken, das Beste herauszufiltern und dies zukünftig in der Verbesserung an uns zu inkludieren.

Hierbei haben Grinder und Bandler besonderes Augenmerk auf Paul Watzlawick gelegt, der die These: *„Einseitige Schuldzuweisung ist grundsätzlich falsch"* aufstellte. Wahrscheinlich hielten Ihnen schon die eigenen Eltern in Ihrer Kindheit vor, dass zu einem Streit immer zwei gehören. Oder auf die Aussage: *„Er hat* *angefangen"*, kam meist ein: *„Warum hast du es dann nicht beendet?"* So nervtötend dies für uns als Kinder gewesen sein mag, hatten unsere Eltern mit solchen Sprüchen recht.

Die Bedeutung in der Kommunikation liegt in der Reaktion, die man erhält.

In anderen Worten bedeutet dies so viel wie „Nicht das, was du sagst, (in Worten oder mit dem Körper) ist von Relevanz, sondern wie deine Umwelt auf dich oder vielmehr deine kommunikativen Signale, reagiert". Nehmen wir als Beispiel erneut die verbale Kommunikation, um es klarer auszudrücken. Natürlich will ich Ihnen mit diesem Punkt nicht erzählen, dass Sie Ihr gesamtes Wesen auf der Meinung anderer aufbauen sollten – ganz bestimmt nicht. Seien Sie eigen, seien Sie besonders, seien Sie ein Freak.

Die erfolgreichsten Menschen sind keine Durchschnittsbürger, keine 0815-Typen. Doch, zurück zu Vorannahme Nummer sieben. Hierbei geht es unter anderem um das Anpassen des eigenen Auftretens an die gegebene Situation. Beispielsweise legen Sie normalerweise andere Sprachgewohnheiten an den Tag, wenn Sie mit Ihren Bekannten unterwegs sind und gemeinsam einen schönen Tag verbringen, als die

Kommunikationsweisen, die Sie bei Geschäftsmeetings und Besprechungen zeigen. Erneut ein wichtiger Punkt ist hierbei, Rapport herstellen. Beobachten Sie Ihre Mitmenschen und passen Sie sich deren Umgangsformen miteinander an. Erkennen Sie die daraus resultierende Reaktion, werten Sie sie aus und nutzen Sie die daraus kommende Erfahrung. So können Sie Ihre Kommunikation verbessern und insgesamt erfolgreicher werden.

Wenn etwas nicht funktioniert, tun Sie etwas anderes.

Oft verzweifeln wir, wenn gewisse Herausforderungen von uns nicht gemeistert werden können. Wir werfen die Flinte ins Korn und verkriechen uns unter einer Decke aus Selbstmitleid. Bringt uns das näher ans Ziel? Nein! Natürlich nicht. Es gibt nie nur einen Weg. Um den italienischen Autor Mario Puzo zu zitieren: *„Man hat immer eine Wahl."* Wenn Sie also an einem Weg scheitern sollten, dann treten Sie einige Schritte zurück, betrachten Sie die Aufgabe mit etwas Abstand und halten Sie die Augen dabei auf, um einen weiteren Weg zu finden, der über Abweichungen und neue Pfade schließlich doch zum Ziel führt.

Wenn Sie beispielsweise Ihre Eltern besuchen wollen und die Autobahn gesperrt ist, drehen Sie dann um und fahren frustriert nach Hause? Vermutlich nicht. Viel mehr suchen Sie eine Umleitung, um so doch noch Ihr Ziel zu erreichen. Menschen mussten schon immer kreativ werden, um neue und zuvor unbekannte Probleme zu lösen. Wo wären wir heute ohne unsere Neugier, unseren Willen, Neues zu entdecken, und unsere Fantasie?

Ich will Ihnen dies in einem simplen Beispiel erläutern: unsere nächsten Verwandten im Tierreich, die Menschenaffen. Viele von Ihnen benutzen Werkzeuge, um an besondere Leckerbissen oder einfach nur ihr normales Futter zu kommen, wie zum Beispiel die Schimpansen, die lange Grashalme nutzen, um an Insekten in Löchern im Boden oder Bäumen zu kommen. Mit ihren Fingern würden sie dies nicht schaffen, doch was hätten sie davon, wenn sie aufgeben würden: Nichts zu essen und deshalb Hunger. Wenn dies über einen längeren Zeitraum so weitergehen würde, dann wäre der Hungertod durchaus möglich oder vielleicht sogar unausweichlich. Also denken Sie immer daran, dass es nie nur einen Weg gibt und Sie nur genau hinsehen müssen, um ihn zu finden.

In einem gleichbleibenden System kontrolliert das Element mit den größtmöglichen Verhaltensmöglichkeiten das System.

Flexibilität ist hier das Stichwort. Wie ich Ihnen bereits zu Beginn des Kapitels erklärte, sind diese Vorannahmen bei der Studie von Psychotherapeuten entstanden. Ursprünglich war die Bedeutung von diesem Punkt also folgendermaßen zu verstehen: Der Berater oder Therapeut sollte eine gewisse Verhaltensflexibilität an den Tag legen, um zu seinem Patienten durchdringen zu können, um ihm zu helfen. Allerdings kann dies auch in unser normales Leben übertragen und somit auch angewendet werden. Passend hierzu kann man Darwins *„Survival of the fittest"* zitieren, was übersetzt so viel wie *„Der Anpassungsfähigste überlebt"* heißt.

Durch Probleme in der Kommunikation wurde dieses Zitat als „Der Stärkere überlebt." übersetzt und so entstand der Sozialdarwinismus, welcher unglaublich weit von einem respektvollen Miteinander entfernt ist. Hier sehen Sie wieder, was gute oder schlechte Kommunikation bewirken kann. Wie bei vorhergegangen Vorannahmen bereits angesprochen, ist es immer von Vorteil, eine gewisse Palette an Kommunikationsformen präsent zu haben, um sich verschiedenen Situationen anzupassen und überzeugen zu können.

Widerstand beim Klienten bedeutet mangelnde Flexibilität aufseiten des Beraters.

Genauso wie bei Punkt Nummer neun ist Vorannahme Nummer zehn aus den Beobachtungen von Psychotherapeuten entstanden, doch lässt sich dies ebenso in den Alltag übertragen. Wie ich Ihnen zu Beginn dieses Ratgebers bereits einmal nahelegte, geht es hierbei darum, den Fehler nicht nur bei anderen zu suchen, sondern auch einmal einen kritischen und prüfenden Blick auf sich selbst zu werfen. Was an meinem Verhalten könnte für Probleme sorgen? Welche Teile meiner Kommunikation kann ich verbessern, um bereits passierte Missverständnisse in Zukunft vermeiden zu können? Hierbei sind auch wieder mehrere Wege von Relevanz.

Gehen wir davon aus, dass Sie bei einem Meeting mit Ihrem Chef eine Idee haben, von der Sie sicher sind, dass sie das Unternehmen voranbringen wird, doch Ihr Chef ist anderer Meinung. Ihre Argumentation zieht nicht. Doch haben Sie bereits gelernt, nicht aufzugeben, nur bringt das Beharren auf Ihrem Standpunkt nichts und führt zu keinem zufriedenstellenden

Ergebnis. Natürlich nicht. Selten ruft Engstirnigkeit etwas anderes hervor, als einen Spiegel der Emotion. Aber da Sie bereits Vorannahme zehn kennen, wissen Sie, dass Sie erst einmal den Fehler bei Ihrer Kommunikation suchen. Somit finden Sie einen anderen Weg, mit dem Sie Ihre Idee verkaufen können, und siehe da, Ihre neue Argumentation überzeugt den Chef. Halten Sie sich mehrere Türen auf und suchen Sie immer nach Weiteren.

Der Sinn der Kommunikation ist nicht die Absicht, sondern die Reaktion, die sie beim Gegenüber auslöst.

Vorannahme elf basiert auf den Forschungen von Paul Watzlawick, welche sich mit dem Satz: *„Wahr ist nicht, was A gesagt hat; wahr ist, was B verstanden hat."* Kennen Sie nicht die folgende Situation? Sie sagen etwas, beispielsweise versuchen Sie Kritik so zu verpacken, dass Sie nicht verletzend ist, doch leider nimmt Ihr Gegenüber diese persönlich und wird wütend. Natürlich sollte Ihr Gegenüber mit Kritik besser umgehen können, doch jetzt geht es nicht darum. Der Punkt ist, dass Sie durch missverständliche Kommunikation dafür gesorgt haben, dass die andere Person wütend ist. Dies lässt sich durch Training und Übung vermeiden.

Worte wollen weise gewählt werden, denn sie lassen sich nicht mehr einfangen, wenn sie einmal ausgesprochen wurden. Oft meinen wir etwas anderes, als von anderen verstanden wird. Leider hilft uns unsere gute Absicht nicht weiter, wenn die Aussage einmal falsch angekommen ist. Was hier hilft, ist klare Kommunikation. Bringen Sie das, was Sie sagen wollen, klar auf den Punkt und schmücken Sie es nicht aus oder versuchen Sie nicht, es schönzureden. Manchmal mag die Wahrheit hart sein oder wehtun, doch im Nachhinein wird man es Ihnen danken.

Wenn jemand etwas Bestimmtes tun kann, so ist es möglich, dieses Verhalten zu modellieren und es weiterzugeben.

Bei der letzten Vorannahme geht es um den Gedanken, dass jeder Mensch Großes erreichen kann. Natürlich ist jeder Mensch einzigartig und hat gewisse naturgegebene Talente, die nicht jeder andere besitzt, doch ist auch niemand perfekt. Grundsätzlich ist dieser Punkt ein Weg, um sich seiner Möglichkeiten bewusst zu werden und durch gezieltes Training seinen Zielen näherzukommen. Dabei kann es durchaus hilfreich sein, sich ein Vorbild zu suchen, von dem Sie lernen können. Doch bedenken Sie Folgendes: Wenn Sie nur in die

Fußstapfen einer Person treten, werden Sie ihn nie überholen. Haben Sie also Ihr Ziel vor Augen und verfolgen Sie es. Mit dem richtigen Willen und Durchhaltevermögen lässt sich mehr erreichen, als Sie vielleicht für möglich halten würden.

„*Für Wunder muss man beten, für Veränderung aber arbeiten.*"

– Thomas von Aquin –

NLP-Methoden und -Übungen für Ihren Alltag

Es gibt diverse verschiedene Techniken und Methoden, welche beim neurolinguistischen Programmieren Verwendung finden. Dieses Kapitel wird Ihnen 11 Methoden vorstellen und durch Beispiele und Alltagsübungen dafür sorgen, dass Sie diese in Ihrem Leben effektiv und erfolgreich einsetzen können. Von einigen der Methoden haben Sie innerhalb dieser Seiten bereits gehört, jedoch werden Sie durch einen erweiterten Praxisbezug ein besseres und tief sitzendes Verständnis der bereits bekannten Methoden bekommen. Nachdem Sie sich mit den zehn wichtigsten und bekanntesten Methoden bekannt gemacht haben, werden Sie noch einige weitere Tipps, Tricks und Kniffe erhalten, die Ihnen im Alltag, im Berufsleben oder in der Partnersuche weiterhelfen und für Erfolge sorgen werden.

RAPPORT

Worum es sich hierbei handelt, wissen Sie bereits. Nichtsdestotrotz handelt es sich bei diesem Punkt um eines der wichtigsten Werkzeuge des neurolinguistischen Programmierens. Rapport herzustellen, bildet die Grundlage für jedes wirklich erfolgreiche Gespräch. Sei es ein Geschäftstreffen, ein Date oder einfach eine Diskussion im Freundeskreis. Rapport lässt sich als eine positive Beziehung zwischen zwei Individuen beschreiben, welche auf Verständnis, Respekt und auch Vertrauen basiert. Ihr Ziel sollte es also sein, bei möglichst vielen Gesprächen für Rapport zu sorgen, sodass sich Ihr Gesprächspartner wohlfühlt und Sie so besser zu guten Ergebnissen kommen können.

Rapport dient als Grundlage für zwei weitere Techniken, das *Pacing* und das *Leading*. Beide

Methoden sollten Sie mit einer gewissen Feinfühligkeit einsetzen, da sonst das bereits hergestellte Rapport bedroht wird. Bei diesen beiden Wegen geht es darum, die Führung in einem Gespräch zu übernehmen. Damit dies wirklich funktioniert, müssen Sie entsprechend vorgehen.

Beim *Pacing* geht es darum, die eigene nonverbale Kommunikation dem Gegenüber anzupassen. Hierbei gilt aber: Die Dosis macht das Gift. Zu viel des Guten kann für Misstrauen und schwindende Sympathie sorgen. Suchen Sie sich also nur ein oder zwei nonverbale Kommunikationsmuster, die Ihr Gesprächspartner immer wiederholt, vielleicht sogar, ohne es bewusst zu wissen, jedoch ist der Schlüssel in diesem Fall auch das Unterbewusstsein. Bauen Sie diese Signale in Ihre Ausführungen ein, bleiben Sie dabei aber möglichst unterschwellig. Sobald Ihr Gegenüber positiv darauf eingeht, das heißt, er übernimmt ebenfalls gewisse Aspekte Ihrer Körpersprache, können Sie zum nächsten Punkt, dem *Leading* übergehen.

Beim *Leading* geht es darum, wie der Name bereits vermuten lässt, die Führung in Gesprächen zu übernehmen. Hier gilt ebenfalls die Warnung, die auch beim *Pacing* gilt: Lieber sich in kleinen Schritten auf das Ziel zu arbeiten, als mit zu großen Schritten Ihren

Gesprächspartner zu verschrecken. Sobald eine gewisse gemeinsame Basis hergestellt ist, sollte es Ihnen nicht allzu schwerfallen, das Gespräch behutsam in die Richtung zu lenken, die Ihnen am meisten zusagt.

Als Übung empfehle ich Ihnen, so blöd es auch klingen mag, zu üben. Hierbei gilt, dass Sie sich in kleinen Schritten auf die wirklich großen und wichtigen Gespräche vorbereiten. Falls Sie in den nächsten Tagen ein Bewerbungsgespräch haben, holen Sie sich einen Freund oder eine Freundin hinzu und üben Sie den möglichen Ablauf des Gesprächs. Wenn Sie vor Kurzem jemand besonderen kennengelernt haben und nun das erste Date ansteht, kann ich Ihnen nur den gleichen Rat geben. Setzen Sie sich mit einer Ihnen bereits bekannten Person zusammen, um den Druck zu verringern, und gehen Sie das Gespräch durch. Hierbei lernen Sie natürlich nicht, wie Sie Rapport bei Fremden herstellen können, doch ist auch diese „Trockenübung" durchaus hilfreich.

Andernfalls, wenn Sie besonderes Augenmerk auf Rapport legen möchten, können Sie sich in die Stadt begeben, sich einen netten Platz in einem Café suchen und beobachten. Betrachten Sie sich die Menschen, die ein und aus gehen. Was bestellen sie? Was für Kleidung tragen sie? Wer ist ihre Begleitung? All diese kleinen Details können Ihnen viel verraten und so werden Sie nach und nach, denn Übung macht den Meister, Punkte sehen, welche sich hervorragend eignen, um Rapport herzustellen. Vergessen Sie hierbei nicht, dass ein sehr offensichtlicher Punkt bereits direkt vor Ihnen lag: Sie sind allesamt in dem gleichen Café.

ANKERN

Die Technik des Ankerns kommt durch den Begriff Anker, welchen man ebenso gut mit den Begriffen Trigger oder Auslöser übersetzen kann. Hierbei geht es darum, dass ein Reiz eine immer gleiche Reaktion bei einem Menschen hervorruft. Dies hängt damit zusammen, dass gewisse Emotionen, Gefühle und Erinnerungen mit bestimmten Triggern verankert sind – dieses eine Lied, dass Sie an Ihre erste große Liebe erinnert und in romantischer Nostalgie schwelgen lässt; ein bestimmtes Gebäck, dass Sie an Ihr Elternhaus erinnert; ein Geräusch, welches Sie sofort an Ihren Lieblingsurlaubsort zurückwirft. Es gibt diverse Beispiele, doch ich bin der festen Überzeugung, dass Sie meinen Punkt verstanden haben.

Die Technik des Ankerns befasst sich jedoch nicht mit den allein entstehenden Triggern, sondern mit der effektiven Nutzung dieser Anker, um Ihnen den Alltag zu erleichtern. Es geht hierbei um das sogenannte *bewusste Ankern*. Diese Methode basiert auf dem Konzept der klassischen Konditionierung nach Pawlow. Dieses Prinzip soll Menschen dabei helfen, gewisse Gefühlszustände und Emotionen zu erzeugen – unabhängig von der Situation oder Umgebung, in der Sie sich momentan befinden.

Nehmen wir als Beispiel folgende Situation: Sie haben sich für einen neuen Job beworben und warten im Flur darauf, zum Bewerbungsgespräch in den Raum gebeten zu werden. Natürlich sind Sie nervös und machen sich gewisse Gedanken. Dieses Verhalten ist nur normal, doch wissen Sie sicherlich, dass es nicht dazu beiträgt, uns zu beruhigen. Hierbei hilft das Ankern. Wenn Sie es richtig anwenden, wird es Ihnen möglich sein, bestimmte Erinnerungen so zu nutzen, dass Sie die Emotionen aus diesem Ereignis herausfiltern und erneut durchleben können.

Wir bleiben bei dem Beispiel Bewerbungsgespräch: Sie sind nervös, aufgeregt und fürchten sich, falsche Antworten zu geben. Ruhig zu bleiben und zu entspannen, wäre das Beste. Aber wie? Nun, wenn Sie die Methode des Ankerns beherrschen, sollte dies kein allzu großes Problem mehr darstellen. Gehen wir davon aus, dass Sie sich vor diesem Gespräch bereits mit dieser Technik auseinandergesetzt haben und auch schon einige Anker erfolgreich in Ihrem Alltag einsetzen konnten. Sie haben sich für bestimmte Emotionen Anker zurechtgelegt und können gezielt auf diese zugreifen. Kurz überlegen Sie, doch die Wahl ist einfach und Sie entscheiden sich für den Anker, der Sie zurückversetzt in einen Urlaub, zusammen mit Ihrem Partner, der Sie unglaublich geerdet und entspannt hat. Nach den zwei Wochen waren Sie so gut drauf wie noch nie. Sie rufen diese Emotionen durch Ihren Anker auf und langsam, aber sicher verbreiten Sie sich in Ihrem Körper. Sie entspannen sich, werden ruhiger. Das erfolgreiche Gespräch kann kommen.

Folgende Übung wird Ihnen helfen, das Ankern effektiv für sich zu nutzen. Suchen Sie sich eine bestimmte Situation, deren Emotionen Sie nachfühlen und wieder erleben möchten. Malen Sie sich alle wichtigen Sinneseindrücke aus und fokussieren Sie sich. Am besten schließen Sie dabei die Augen, um die Erinnerung möglichst lebendig vor sich sehen zu können. Passend dazu können Sie sich auch folgende Fragen stellen:

Was haben Sie damals in der ausgewählten Situation gesehen?

Was haben Sie gehört?

Was haben Sie gerochen?

Was ist genau in den Moment passiert, als das Gefühl am stärksten war?

Wie und wo spürten Sie das Gefühl am meisten? War es mehr ein Kribbeln oder ein Puls?

Wenn Sie dem Gefühl einen Namen geben würden, wie würden Sie es nennen?

Bleiben Sie kurz in der gewollten Emotion, genießen Sie es, am besten lassen Sie das Gefühl noch etwas stärker werden. Wenn die Emotion auf dem Höhepunkt angekommen ist, werfen Sie den Anker aus. Dabei vollführen Sie eine bestimmte Geste, berühren sich an einer bestimmten Körperstelle oder sagen ein Wort. Wichtig hierbei ist jedoch, dass es ein Wort oder eine Geste ist, die Sie nicht sowieso häufig bewusst oder unbewusst in Ihrem Alltag anwenden.

Zum Beispiel massieren Sie sich mit Ihrem rechten Zeigefinger die linke Handfläche. Anschließend lenken Sie sich ab, denken an etwas anderes oder tun etwas anderes. Wenn sich das Gefühl wieder gelegt hat, probieren Sie es erneut. Die besten Resultate erhalten Sie dann, wenn Sie diese Übung immer wiederholen und den Anker somit festigen. Einen wirkungsvollen

Anker in wirklichen Stresssituationen hervorrufen zu können, ist eine Kunst für sich und benötigt Erfahrung und Training. Doch mit Geduld, eisernem Willen und Wiederholung wird es auch Ihnen gelingen, Anker zu erschaffen, welche Sie in bestimmten Momenten aktivieren können, um so für einen besseren Gemütszustand zu sorgen.

DER MAGISCHE KREIS (ANKERN)

Bei dieser Methode handelt es sich um eine weitere Methode des Ankerns, die aber von manchen NLP-Anwendern und -Trainern als besonders stark und wirkungsvoll angesehen wird. Wenn Sie vor großen Aufgaben und Problemen stehen, denen Sie sich nicht vollkommen gewachsen fühlen, wird Ihnen der magische Kreis dabei helfen, sich aufzubauen und mit neuer Selbstsicherheit eine Lösung zu suchen. Natürlich können Sie bei dieser Übung diverse Gefühlszustände ankern, doch geht es hierbei vor allem um Selbstbewusstsein. Folgendermaßen kreieren Sie Ihren eigenen magischen Kreis:

Das Grundprinzip ist ein ähnliches wie beim normalen Ankern. Schließen Sie die Augen und stellen Sie sich einen magischen Kreis vor sich auf dem Boden

vor. Sie stehen davor, noch nicht darin. Wie genau dieser Kreis aussieht, ist natürlich Ihnen überlassen.
Leuchtet er, ist er aus Steinen gelegt, ist er innen frei
oder gefüllt mit Blättern, brennt er, welche Farbe hat
er? Dies ist allein Ihrer Fantasie überlassen. Denken Sie
dabei aber daran, dass dieser Kreis als ein Kraftfeld für
inneren Frieden und Selbstbewusstsein dienen wird.
Aus diesem Grund wählen Sie vorzugsweise Dinge, die
Ihnen ein gutes Gefühl geben. Als Beispiel sollten Sie
nicht die Farbe Blau für Ihren Kreis wählen, wenn Sie
diese Farbe mit Trauer verbinden. Wählen Sie Dinge,
die Sie aufbauen und glücklich machen. Somit machen
Sie den Kreis wirkungsvoller. Sehen Sie den Kreis vor
sich? Gut.

Nun versetzen Sie sich in eine Situation zurück,
bei der Sie voller Zufriedenheit und Selbstbewusstsein
waren. Falls Ihnen dabei keine einfallen sollte, dann
malen Sie sich eine eigene Szene aus. Wobei würden
Sie vor Selbstbewusstsein nur so strotzen? Befolgen Sie
nun die Schritte, welche Sie auch beim Ankern durch-
führen. Gehen Sie Ihre Sinne durch und machen Sie
das Bild vor Ihrem inneren Auge so lebendig wie möglich. Lassen Sie das Gefühl hochkommen und fühlen
Sie, wie es sich in Ihrem Körper verteilt. Wenn das Gefühl seinen Höhepunkt erreicht, machen Sie einen

Schritt nach vorn und treten Sie in Ihren magischen Kreis hinein. Lassen Sie es einen Moment wirken. Wenn Sie feststellen, dass die Emotionen nachlassen, treten Sie aus Ihrem Kreis heraus und öffnen Sie die Augen. Anschließend lenken Sie sich für gut zwei bis drei Minuten ab.

In Fachkreisen spricht man hierbei im NLP auch vom Separator. Der neutrale Zustand, in den Sie dadurch gelangen, nennt sich Separator State. Haben Sie diesen erreicht, schließen Sie erneut die Augen und sehen Ihren magischen Kreis vor sich. Treten Sie einen Schritt nach vorn und lassen Sie die Emotionen und das Gefühl von Selbstbewusstsein und Glück wieder hochkommen. Hierbei gilt das Gleiche wie auch beim Ankern. Wenn es nicht auf Anhieb funktionieren sollte, was in keiner Weise ein Problem darstellt, wiederholen Sie den Vorgang, bis Ihr magischer Kreis die erwünschte Wirkung hat.

Wenn Sie das nächste Mal in eine Stresssituation kommen, die an Ihrem Selbstbewusstsein nagt, nehmen Sie sich eine kurze Auszeit, gehen Sie in sich und betreten Sie Ihren magischen Kreis. Er wird Ihnen helfen, sich aufzubauen und mit frischer Energie die Aufgabe anzugehen.

SIX-STEP-REFRAMING

Das Six-Step-Reframing hat seinen Namen deshalb erhalten, weil es bei dieser Methode darum geht, sein eigenes Verhalten in sechs Schritten nachhaltig zu verändern. Grundsätzlich geht es bei jeder Art des *Reframings* darum, unsere Sicht auf einen bestimmten Sachverhalt in einen neuen oder veränderten Rahmen zu stellen. Deswegen auch das englische Wort (salopp übersetzt) „neu einrahmen". Hierbei wird der Fokus besonders auf Erlebnisse gelegt, die in negativen Zusammenhängen stehen oder grundsätzlich als negativ empfunden werden.

Das Konzept hinter Reframing geht so vor, dass es durch einen neuen Rahmen dafür sorgt, dass Sie als betroffene Person positive Punkte in dem negativen Ereignis sehen und somit auch besser mit negativen Situationen umgehen können. Merken Sie sich in diesem Zusammenhang folgenden Satz: Wenn Sie eine neue Sichtweise oder eine emotionale Neubewertung anstreben, dann geben Sie dem betreffenden Sachverhalt einen neuen Rahmen. Die sechs Schritte des Six-Step-Reframings sind Folgende, anbei eine detaillierte Anleitung, wie Sie diese in Ihrem Alltag am besten umsetzen:

Schritt 1: Problem identifizieren

Erkennen Sie Ihr Problem. Was stört Sie genau? Wann stört das Problem genau? Unter welchen Umständen und in welchen Situationen macht sich das Problem richtig bemerkbar? Gibt es nur ein Problem oder ist das erkannte Problem nur eines von vielen in diesem Bereich?

Identifizieren und definieren Sie das Problem. Seien Sie sich vollkommen bewusst, was genau das Problem beinhaltet, woher es rührt und welche Auswirkungen es bisher hatte oder zukünftig noch haben könnte. Oft hilft es auch, wenn Sie dem Problem einen Namen geben. Dieser sollte jedoch möglichst neutral sein und nicht noch mehr schlechte Emotionen hervorrufen, die Ihnen die Arbeit erschweren. Als Beispiel: Nennen Sie es nicht Stress, sondern Pusher oder meinetwegen auch Gustaf. Wenn Sie dies erfolgreich erledigt haben, gehen Sie über zu Schritt 2.

Schritt 2: Positive Absicht herausarbeiten

Bei Schritt 2 geht es darum, den Sinn hinter dem Problem zu erkennen. Welche guten Punkte könnten hinter Ihrem Problem stehen? Haben Sie vielleicht schon einmal von diesem Problem profitiert? Suchen Sie möglichst viele positive Punkte zusammen und halten Sie sich diese vor Augen. Betrachten Sie die guten

Aspekte, die Sie durch Gustaf erlebt haben. Falls Sie trotz alledem keine guten Punkte an Gustaf finden, graben Sie tiefer. Dient dieses negative Verhalten vielleicht dazu, Sie vor etwas zu beschützen, selbst wenn es keinerlei reale Gefahr darstellt? Wenn ja, wertschätzen Sie diesen Punkt an Gustaf. Finden Sie die positiven Aspekte heraus und danken Sie für diese. So wird es Ihnen gelingen, das Problem nicht mehr nur als solches zu sehen. Dies ermöglicht eine effektivere und erfolgreiche Arbeit, um Ihr Verhaltensmuster, das Sie stört, zu verändern. Haben Sie dies gemeistert, fahren Sie mit Schritt 3 fort.

Schritt 3: Bereit für neue Wege?

Sie wisse nun genau über Ihr Problem Bescheid: Wodurch es ausgelöst wird, woher es kommt und natürlich auch, welche positiven Aspekte sich hinter diesem verbergen. Ebendiese Punkte werden bei Schritt 3 besonders gefragt. Hierbei bereiten Sie sich darauf vor, neue Wege zu finden. Das Ziel von diesen sollte auf die positive Absicht hinarbeiten, welche Gustaf bewirken wollte. Überlegen Sie sich genau, in welchen Situationen ein ähnliches oder vielleicht sogar gleiches Verhalten angebracht und von Nutzen sein könnte und in welchen nicht. Wenn Sie die Differenzierung genau vor Augen haben und sich sicher sind, das Gustaf seine alten Muster hinter sich lassen kann und bereit für neue Wege ist, gehen Sie über zu Schritt 4.

Schritt 4: Neue Wege suchen

Sie haben nun alles vorbereitet, um die neuen Wege zu finden und anschließend zu erkunden. Werden Sie kreativ. Halten Sie sich das Ziel vor Augen und arbeiten Sie sich langsam zu Ihrem jetzigen Standort zurück. Gehen Sie den Weg gedanklich rückwärts. Welche Schritte müssen erfüllt werden, damit Sie am Ende Ihr Ziel erreichen? Finden Sie mindestens drei weitere Möglichkeiten, die den positiven Grundaspekt des Problems erfüllen, doch die negativen Punkte ausstechen.

Haben Sie sich die drei neuen Wege zurechtgelegt, probieren Sie sie aus. Allein in Gedanken oder mit einem Freund oder Bekannten. Denken Sie immer daran, dass Sie den Versuch auch abbrechen können, falls er in die Hose gehen sollte. Falls keiner der drei Wege für Sie funktionieren sollte, beginnen Sie Schritt 4 von vorn. Wenn Sie jedoch erfolgreich waren, Glückwunsch. Sie haben bereits einiges gelernt und sind auf dem richtigen Pfad.

Schritt 5: Öko-Check

Bei Schritt 5 geht es für Sie darum, den neuen Weg zu festigen, sodass Sie nicht so leicht in kritischen Situationen zurück in von Ihnen nicht erwünschtes Verhalten fallen. Betrachten Sie das positive Ziel erneut und anschließend den neuen und den alten Weg im Vergleich, allerdings dieses Mal aus Sicht von Gustaf. Was könnte ihn an diesem Weg stören? Gibt es vielleicht noch Punkte, die nicht optimal gelöst wurden und noch ein wenig Arbeit und Feinschliff benötigen, sodass sie im Ernstfall gut funktionieren? Verbessern Sie den neuen Weg, bis Sie und Gustaf zufrieden mit dem Resultat sind.

Future Pace

Der letzte Schritt für Sie ist eine weitere Kontrolle – keine praktische, sondern eine rein theoretische. Stellen Sie sich die folgenden drei Fragen:

Werden Gustaf und ich den neuen Weg in zukünftigen Situationen bestreiten können?

Traue ich mir zu, den neuen Weg zu gehen?

Übernehme ich die Verantwortung dafür, dass ich diesen Weg gehen werde?

Sollte Ihre Antwort auf eine dieser Fragen Nein sein, dann sollten Sie sich die vorhergegangenen Schritte ein weiteres Mal ansehen und Ihre erarbeitete Lösung ein weiteres Mal überarbeiten und verbessern, bis Sie alle Fragen mit Ja beantwortet haben. Falls Sie dies schon beim ersten Durchlauf für sich so beantworten konnten, dann gratuliere ich Ihnen. Sie sind nun bereit, den neuen Weg in realen Situationen unter die Probe zu stellen.

NEW BEHAVIOUR GENERATOR

Der New Behaviour Generator wird Ihnen dabei helfen, unangenehme Aufgaben und Pflichten mit neuem Tatendrang zu erfüllen. Es geht dabei darum, sich selbst erfolgreich zu motivieren. Dabei gehen Sie folgendermaßen vor:

Suchen Sie sich einen ruhigen Platz, eine ungestörte Ecke. Denken Sie an die Aufgabe, die erledigt werden muss. Nun schließen Sie die Augen und malen Sie einen Menschen aus, der einige Schritte von Ihnen entfernt steht und genauso aussieht wie Sie. Ein Doppelgänger oder Ihr zweites Ich quasi. Verbinden Sie das zweite Ich und die Aufgabe. Sehen Sie zu, wie Ihr Doppelgänger freudig die Aufgabe erledigt und dabei an die positiven Konsequenzen denkt, die kurz- oder langfristig folgen werden. Am besten lassen Sie Ihr zweites

Ich auch einige der guten Konsequenzen erleben. Falls Sie nicht vollständig zufrieden mit dem Bild vor Ihrem inneren Auge sein sollten, gibt es einen einfachen Trick, den Sie anwenden können. Lassen Sie Nebel aufziehen, sodass Sie einen Großteil der Situation nicht mehr erkennen können. Ihr Unterbewusstsein wird die fehlenden Puzzleteile hinzufügen und wenn sich der Nebel wieder verzieht, sollten Sie eine Szene vorfinden, mit der Sie mehr als nur zufrieden sein sollten. Betrachten Sie Ihr zweites Ich, welches voller Freude ist und die Aufgabe erledigt hat. Breiten Sie die Arme aus und umarmen Sie Ihren Doppelgänger so, dass Sie ihn dabei in sich aufnehmen.

Andernfalls können Sie auch einen tiefen Atemzug nehmen und sich dabei vorstellen, wie Sie das zweite Ich einatmen. Hierbei ist es wichtig, dass Sie eine Vorstellung finden, die Ihnen zusagt. Haben Sie Ihr glückliches zweites Ich nun in sich aufgenommen und übernehmen nach und nach die positiven Aspekte, die Ihr Doppelgänger durch die Aufgabe erfahren durfte, sollte es Ihnen immer leichter fallen, sich der unliebsamen Aufgabe zu widmen.

SWISH-TECHNIK

Jeder von uns hat gewisse Verhaltensmuster oder Motivationsprobleme, die uns stören, doch die wir zu unserem großen Ärgernis nicht wirklich in den Griff kriegen. Die Swish-Technik wird Ihnen dabei helfen, dieses Problem zu lösen. Wie die meisten NLP-Methoden funktioniert diese ebenso über ein inneres Bild. Konzentrieren Sie sich auf das Verhalten an Ihnen, dass Sie stört. Bilden Sie es gedanklich auf einem Polaroid-Bild ab und lassen Sie es vor sich in der Luft schweben. Ziehen Sie es groß, übernatürlich groß, und lassen Sie es immer heller werden, sodass es Sie fast schon blendet. Dann denken Sie an Ihr Zielverhalten. Wie würden Sie am liebsten handeln oder reagieren?

Lassen Sie dieses Bild ebenfalls Gestalt in einem Polaroid-Bild annehmen. Legen Sie dieses kleine Bild Ihres Ziels an den unteren Rand des riesigen und hellen Bildes Ihres Problems. Anschließend lassen Sie das Bild Ihres Zielverhaltens immer größer werden, bis es schließlich das gesamte Polaroid Ihres Problems verdeckt und es nicht mehr zu sehen ist. Diese Methode hilft Ihnen dabei, motivierter zu werden und Aufgaben, die groß und schwer scheinen, schneller und gewillter anzugehen.

VAKOG (REPRÄSENTATIONS- SYSTEME)

Die Menschen nehmen die Welt über ihre verschiedenen Sinne war, dabei ist es bei jedem Individuum unterschiedlich, welche Sinne es dabei präferiert und welche nicht. Im neurolinguistischen Programmieren sind alle fünf Sinne von größter Bedeutung.

> **V** wie visuell *(das Sehen)*
>
> **A** wie auditiv *(das Hören)*
>
> **K** wie kinästhetisch *(das Fühlen)*
>
> **O** wie olfaktorisch *(das Riechen)*
>
> **G** wie gustatorisch *(das Schmecken)*

Bei dieser Methode lernen Sie nicht, wie Sie sich motivieren oder wie Sie negative Erinnerungen besser verarbeiten können. Hierbei geht es einzig und allein darum, Ihre Wahrnehmung zu verbessern, indem Sie Ihre Sinne schärfen. Wie Arthur Conan Doyle seine berühmteste Figur *Sherlock Holmes* so schön sagen ließ:

Sie sehen, Watson, doch Sie beobachten nicht.

Dies trifft nicht nur auf Holmes' Begleiter Doktor John Watson, sondern auch auf den Großteil aller Menschen zu. Sehr wahrscheinlich gehören Sie ebenso dazu wie ich.

Eine allgemeine Übung, mit der Sie Ihre Sinne verbessern können, ist recht simpel. Hören Sie genau zu, wenn das nächste Mal einer Ihrer Kollegen, Freunde oder ein Familienangehöriger von einem Urlaub oder einem Erlebnis berichtet. Ausgehend von seiner oder ihrer Erzählung können Sie Vermutungen anstellen, welches Sinnesorgan die größte Rolle im Leben dieser Person spielt. Von welchen Eindrücken berichtet Ihr Kollege, Freund, Angehöriger am detailliertesten oder meisten? Wenn Sie diese Frage beantworten können, dann wissen Sie, welcher Sinn (zumindest bei diesem Erlebnis) das relevante Sinnesorgan war.

Diese vier weiteren Übungen werden Ihnen dabei helfen, Ihre Sinne zu schärfen und auch Ihr Vorstellungsvermögen auf das nächste Level zu heben:

1. Übung:

Das visuelle Vorstellungsvermögen verbessern
Bildhaftes Denken ist nicht für diverse NLP-Methoden von großer Bedeutung, sondern kann Ihnen auch viele neue Türen im Leben zeigen. Sie werden kreativer und

fantasievoller und können so neue Wege erkunden, die Sie zuvor nicht sahen oder für möglich hielten. Nicht umsonst sind die erfolgreichsten Menschen dieser Welt mit einer gewissen Kreativität gesegnet. Die Übung ist an sich nicht kompliziert, doch kann die Ausführung gewisse Schwierigkeiten mit sich bringen, wenn Ihr Geist noch nicht so sehr im Bereich visuelle Vorstellung geschult ist. Doch vergessen Sie nie: Übung macht den Meister.

Stellen Sie sich eine Frucht vor. Möglichst eine, die Sie gut kennen. Beispielsweise eine Banane. Wie sieht sie aus? Welche Farbe hat sie? Ist sie nur leicht gekrümmt oder schon beinahe rund? Hat sie noch ein paar grüne Stellen oder ist sie sogar überreif und wird bereits braun? Haben Sie nun ein Bild vor Ihrem inneren Auge, beginnen Sie damit, die Banane zu verändern. Lassen Sie sie zum Beispiel altern oder jünger werden. Verändern Sie die Krümmung und so weiter. Es gibt diverse Möglichkeiten und es liegt an Ihnen, einige davon auszuprobieren und gedanklich zu experimentieren. Sie werden sehen, dass Sie schon nach kurzer Zeit erste Erfolge verzeichnen können und Ihre Kreativität und Vorstellungskraft durch regelmäßiges Üben immer weiter steigen.

2. Übung:

Das akustische Vorstellungsvermögen verbessern

Ebenso, wie Sie in Ihrem Kopf Bilder erschaffen können, ist es Ihnen auch möglich, Geräusche zu simulieren und nachzuempfinden. Diese Übung dient sowohl dazu, Ihre Vorstellung zu verbessern als auch Ihr Ohr für die Welt da draußen zu schärfen und Dinge wahrzunehmen, die Ihnen vorher wahrscheinlich entgangen wären.

Schließen Sie für diese Übung am besten die Augen und begeben Sie sich an einen Ort, der ruhig ist, damit Sie möglichst keine Geräusche von außerhalb ablenken können. Stellen Sie sich nun einen bestimmten Ton vor. Nehmen wir beispielsweise das Geräusch Ihrer Türklingel. Lassen Sie es vor Ihrem inneren Ohr immer wieder erklingen, bis Sie genau wissen, wie es klingt. Anschließend beginnen Sie, den Ton zu manipulieren, wie Sie es bereits mit der Frucht vor Ihrem inneren Auge getan haben. Heben Sie den Ton an, lassen Sie in heller werden. Verändern Sie die Lautstärke. Legen Sie verschiedene Effekte darauf. Vielleicht einen Verzerrer oder Hall, vielleicht ein Echo, dass Sie zusätzlich noch weiter verändern können? Seien Sie kreativ.

3. Übung:

Die eigenen Gefühle kennenlernen

Wie Sie bereits durch die vorhergegangenen Kapitel und Unterkapitel wissen, ist es möglich, Gefühle hervorzurufen und so auch seinen eigenen Körper auszutricksen. Auf diesem Prinzip basiert zum Beispiel auch das Ankern. Wie bei allen Übungen des neurolinguistischen Programmierens gilt die Devise: Übung macht den Meister.

Suchen Sie sich möglichst ein Gefühl oder eine Emotion aus, deren Wirksamkeit Sie einfach überprüfen können. Beispielsweise können Sie sich vorstellen, dass Sie am Strand unter einem Sonnenschirm liegen, doch Ihr linker Arm liegt als einziges Körperteil in der Sonne. Wenn Sie sich dieses Gefühl der Sonne auf Ihrem linken Arm lange genug vorstellen, sollte es Ihnen gelingen, dass der Arm langsam wärmer wird. Dies liegt daran, dass er stärker durchblutet werden wird und das nur durch Ihre Vorstellungskraft. Auf diese Weise arbeiten auch bestimmte Entspannungstrainings, wie zum Beispiel das autogene Training. Durch das gezielte Denken an bestimmte Gefühle oder Emotionen ist es Ihnen möglich, herunterzukommen und sich erneut fokussieren zu können. Genauso ist es auch möglich, diese Übung zum Abbau von Stress zu benutzen.

4. Übung:

Die inneren Erlebnisse kombinieren

Bei dieser letzten Übung zum Thema **V A K O G** handelt es sich auch um die schwierigste. Es geht darum, sich nicht nur auf ein Sinnesorgan zu konzentrieren, sondern auf mehrere gleichzeitig, um so intensivere und effektivere Emotionen und Ruhepole aktivieren zu können. Diese Methode dient vor allem zur Entspannung. Wie bei allen anderen Übungen dürfen Sie nicht beim ersten Versuch das beste Ergebnis erwarten und sollten nicht sofort die Flinte ins Korn werfen. Vorzugsweise arbeiten Sie sich langsam hoch.

Sie beginnen mit einem Sinneseindruck, beispielsweise mit dem, was sie sehen (**V**). Stellen Sie sich vor, Sie stehen in England an einem sonnigen Tag an einer der Steilküsten. Viele Meter unter Ihnen schlagen die Wellen gegen die Felswände. Grüne Wiesen erstrecken sich um Sie herum und der Himmel hat ein magisches Blau.

Was hören (**A**) Sie? Das Rauschen des Meers unter Ihnen und das Klatschen der Wellen, wenn Sie an den Felsen brechen. Wind, der durch die Grashalme raschelt und leise in Ihren Ohren heult, nicht unangenehm, doch Sie hören ihn. Ein paar Möwen fliegen über die Wellen und schreien. Wenn Sie so viele Sinneseindrücke auf einmal aufrufen können, sind Sie schon weiter als die Meisten. Natürlich lässt es sich noch steigern, indem Sie zum Beispiel noch Fühlen (**K**): den Wind und die Sonne auf Ihrer Haut, kleine Tropfen von Gischt, die Ihre Haut benetzen; Riechen (**O**): das Salz des Meers, feuchte Erde und das Schmecken (**G**), das salzige Wasser auf Ihren Lippen, hinzunehmen.

Grundsätzlich dient diese Gedankenlandschaft dazu, dass Sie sich entspannen können, sich an einen imaginären Ort zurückziehen, um sich zu erden und auf die wichtigen Dinge im Leben fokussieren. Diese Gedankenlandschaft muss auch keine frei erfundene Welt sein, Sie können auch eine Ihrer eigenen Erinnerungen nehmen und durch die verschiedenen Sinneseindrücke wieder erleben.

METAMODELL

Das Metamodell bezieht sich auf die zwischenmenschliche Kommunikation und hilft vorbeugend, um Missverständnisse zu vermeiden. Auch hier ist es wichtig, Ihre Sinne zu benutzen. Bestimmt kennen Sie die folgende Situation: Sie führen ein Gespräch mit einer Person, diese tätigt eine Aussage, welche Sie nicht ganz verstehen, doch Sie fragen nicht nach und antworten stattdessen mit einem Statement Ihrerseits. Ihr Gegenüber reagiert empört. Schon haben wir ein Missverständnis, welches durch unklare Kommunikation entstand.

Genau das gleiche Problem ist noch präsenter in sozialen Medien, da bei getippten Textnachrichten Tonfall, Betonung und auch Körpersprache wegfallen und nicht zusätzlich zurate gezogen werden können. Ironie und Sarkasmus zum Beispiel sind so nicht klar erkennbar. Grundsätzlich lassen Menschen auch gern gewisse Informationen weg, um für einen Unterhaltungszweck in Ihren Erzählungen zu sorgen, um nicht zu weit auszuschweifen oder um einen besseren Redeoder Schreibfluss zu sorgen. Als Übung für Sie: Beim nächsten Gespräch, welches Sie führen, hören Sie genau zu, lassen Sie keinerlei Ablenkungen zu (das heißt, dass das Smartphone komplett wegbleibt, am besten haben Sie es nicht einmal griffbereit) und hören Sie nicht nur auf die Worte, sondern auch auf das, was der Körper Ihres Gesprächspartners sagt. Wenn Sie trotz all dieser Signale etwas nicht genau verstehen sollten, trauen Sie sich nachzuhaken. Auf diese Weise werden

Sie feststellen, dass es unheimlich viele Missverständnisse gibt, die bei der zwischenmenschlichen Kommunikation vermieden werden können.

SMART-METHODE

Die Smart-Methode wird Ihnen dabei helfen, Ihre Ziele langfristig erfolgreicher und sicherer zu erreichen. Suchen Sie sich einen Ort, an dem Sie ungestört sind und in Ruhe Ihre Ziele und Träume formulieren können. Nehmen Sie sich Stift und Papier und schreiben Sie Ihre Ziele auf. Was wollen Sie erreichen? Welche dieser Ziele haben noch Zeit, welche wollen Sie möglichst bald erreichen? Schreiben Sie grobe Notizen zu jedem Ziel auf, dann verwenden Sie Ziel für Ziel die Smart-Methode.

S – Spezifisch

Nehmen das erste Ziel auf Ihrer Liste und formulieren Sie es klar aus. Was genau wollen Sie und bis wann? Seien Sie dabei so konkret wie möglich und drücken Sie sich unmissverständlich aus.

M – Messbar

Gehen Sie Ihr Ziel noch einmal durch. Sehen Sie die qualitativen und quantitativen Punkte von diesem Ziel? Bestimmen Sie, welche Messgröße die qualitativen und die quantitativen Punkte für Sie haben, um so festzustellen, wie wichtig das Ziel für Sie abseits reiner Emotionen ist.

A – Attraktiv

Sie haben Ihr Ziel formuliert. Nun planen Sie einen groben Weg, um dieses zu erreichen. Dieser sollte möglichst so angelegt sein, dass es Ihnen Spaß bereitet, auf Ihr Ziel zuzuarbeiten und nicht nur deshalb, weil Sie sich am Ende einen Traum erfüllen.

R – Realistisch

Einer der wahrscheinlich wichtigsten Punkte: Die Ziele, die Sie sich setzen, sollten in der von Ihnen gewünschten Zeit und mit den Mitteln, die Sie haben, erreichbar sein. Wenn dies nicht der Fall ist, müssen Sie Ihrem Ziel weitere Zwischenziele hinzufügen oder Ihre Erwartungen etwas herunterschrauben, sodass Sie zum Beispiel mehr Zeit für den Weg zum Ziel einplanen.

T – Terminiert

Suchen Sie sich Meilensteine (oder nennen Sie sich auch Zwischenziele). Setzen Sie sich klare Termine, an denen diese erreicht werden müssen, sodass Sie Ihren Zeitplan einhalten können und erfolgreich am Ende Ihren Traum erfüllen.

TIMELINE

Die Timeline-Methode funktioniert nach einem ähnlichen Prinzip wie die Smart-Technik, nur betrifft diese keine äußeren, sondern innere Ziele. Das Ziel der Timeline-Technik ist das Überwinden belastender Erinnerungen. Daher hat diese Methode auch Ihren Namen, denn um dies zu tun, ist es wichtig, dass Sie die Vergangenheit, die Gegenwart und die Zukunft in Ihre Planung aufnehmen.

Welches Verhalten, das Sie immer oder in bestimmten Situationen an den Tag legen, stört Sie und würden Sie gern nachhaltig verändern? Finden Sie die Ursache heraus und setzen Sie diese auf der Timeline an den Anfang. Rekreieren Sie die Wirkung des Grundes bis hin zur Gegenwart. Nun stellen Sie sich vor, wie Sie in Zukunft sein wollen. Was hat sich verbessert? Welche Zeit räumen Sie für die Veränderung ein?

Setzen Sie sich Ihr Ziel und füllen Sie die Timeline bis dorthin mit Meilensteinen auf, welche im Großen und Ganzen auch den Punkten der Smart-Technik entsprechen.

MILTON-MODELL

Das Milton-Modell basiert auf den Forschungen der Hypnotherapie. Es ist die Umkehrung des Metamodells, da es genau die Taktiken, welche dort genutzt werden, um eine klare Kommunikation zu ermöglichen, umdreht und dafür verwendet, tranceartige Zustände herzustellen. Ziel hierbei ist es, einen Gesprächspartner zu beruhigen und durch die leichte Trance wieder zu erden.

Um diese Methode möglichst effektiv üben zu können, suchen Sie sich am besten einen Gesprächspartner, mit dem Sie sich gut verstehen und welcher auch bereit ist, sich von Ihnen in einen Hypnose-ähnlichen Zustand versetzen zu lassen. Setzen Sie sich hierzu in eine ruhige Umgebung auf möglichst bequeme Sitzflächen und sorgen Sie dafür, dass sich Ihr Gegenüber zurücklehnt und beginnt zu entspannen. Fangen Sie an, ruhig auf sie oder ihn einzureden. Eine Traumreise oder Ähnliches kann hierbei helfen.

Anschließend greifen Sie auf die Sprachmuster des Milton-Modells zurück. Sätze, welche darunter fallen, sind zum Beispiel:

„Vielleicht hast du gerade gemerkt, dass du ruhig tief ein- und ausatmest."

„Während du langsam atmest und meiner Stimme zuhörst, merkst du, wie du dich langsam entspannst."

„Vielleicht fällt dir auf, wie sich dein linker Daumen kurz bewegt hat."

„Weil du anfängst, dich zu entspannen, merkst du, wie du einmal tief seufzen musst."

Tragen Sie solche Sätze möglichst ruhig vor. Natürlich können Sie sich auch selbst weitere Sätze ausdenken, die einem ähnlichen Muster folgen und somit die gleiche zielführende Wirkung haben. Ziel ist, Ihr Gegenüber in einen tranceartigen Zustand zu führen, in welchem er allen Druck hinter sich lassen und sich vollkommen entspannen kann. Anschließend können Sie auch die Rollen gern tauschen und sich selbst zurücklegen.

STRATEGIEN

Im neurolinguistischen Programmieren gibt es zwei Arten von Strategien. Einmal die Makro- und einmal die Mikrostrategien. Das Funktionsprinzip beider Strategien ist gleich, der Unterschied besteht in den Feldern, in denen Sie angewandt werden.

Makrostrategien beziehen sich auf langzeitliche Projekte, die außerhalb unseres Körpers stattfinden, wie eine Beförderung, Studium, Karriere und so weiter.

Mikrostrategien sind, ähnlich wie das Ankern, Prozesse, welche in unserem Körper gewisse Gefühlszustände oder Emotionen auslösen.

Folgendermaßen setzen Sie beide Strategien erfolgreich in Ihrem Leben durch: Als Beispiel für eine Makrostrategie nehmen wir das bestandene Abitur. Fragen wie: Was muss ich tun, um dieses Ziel zu erreichen? Welche Punkte sollte ich bis wann erfüllen, damit es nicht zu neuen Problemen auf dem Weg kommt? Grundsätzlich gesagt, geht es bei Makrostrategien darum, größere Ziele in Ihrem alltäglichen Leben genauer durchzuplanen und diese somit leichter zu erreichen. Mikrostrategien funktionieren ähnlich. Als Beispiel nehmen wir die sogenannte Liebesstrategie. Es geht darum, das Gefühl von Verliebtheit hervorzurufen. Um dies zu erreichen, gibt es wieder einige Fragen, welche Sie sich beantworten müssen. In welcher Zeit waren Sie mit Ihrem Partner besonders glücklich? Was musste Ihr Partner tun, damit die Gefühle besonders intensiv waren? Finden Sie die Antworten und behalten Sie diese im Kopf. Konzentrieren Sie sich auf Situationen, in denen die Antworten verkörpert waren. Merken Sie sich einen Weg dorthin, zurück zu diesen Emotionen, den Sie immer wiederfinden können, um dieses Gefühl hervorzurufen.

Zuletzt werden Sie noch zwei weitere Methoden mit auf den Weg bekommen, die Ihnen in Ihrem Leben von großem Nutzen sein werden.

DAS VERÄNDERN VON BILDERN IM KOPF

Es gibt gewisse Momente in unserem Leben, die immer und immer wieder als Erinnerungen durch unseren Kopf geistern, obwohl uns wohler wäre, wenn dem nicht so wäre. Im neurolinguistischen Programmieren gibt es einige Methoden, mit denen Sie die

Auswirkungen von unangenehmen Erinnerungen schmälern und sogar vollständig vernichten können. Mit allen Fähigkeiten, die Sie inzwischen gelernt haben, und Ihrer verbesserten Fähigkeit im Bereich des visuellen Vorstellungsvermögens ist es Ihnen möglich, folgende Techniken gewinnbringend zu nutzen.

Bilder verkleinern

Denken Sie zurück an die Erinnerung, die Sie gern loswerden oder in einem anderen Licht sehen wollen. Schließen Sie die Augen. Fokussieren Sie sich auf die Erinnerung und auf alles, was Sie in diesem Moment fühlen konnten. Auch, wenn es unangenehm sein mag, lassen Sie die Gefühle zu. Sehen Sie den Moment als Bild vor sich, dann stellen Sie sich einen alten Fernseher, vorzugsweise schwarz-weiß, vor, der sich vor Ihnen befindet. Nehmen Sie das Bild Ihrer Erinnerung und schieben Sie es hinter die Mattscheibe. Betrachten Sie es, so wie es nun ist. Klein, schwarz-weiß, die Geräusche leiser und unwirklicher. Wenn Sie es brauchen, schieben Sie den Fernseher von sich weg, sodass das Bild immer kleiner und unkenntlicher wird. Öffnen Sie die Augen und befassen Sie sich ein paar Minuten mit etwas anderem. Danach wiederholen Sie den Prozess, bis Sie eine positive Veränderung spüren.

Bilder verbrennen

Gehen Sie hierbei genauso vor, wie bei der vorherigen Methode. Rufen Sie sich das Ereignis vor Augen und sehen Sie es als Bild vor sich in der Luft schweben. Was sehen Sie? Was können Sie hören? Was fühlen Sie? Werden Sie sich möglichst vieler Sinneseindrücke bewusst. Wenn Sie alles lebhaft vor sich sehen können, greifen Sie in Ihre Hosentasche. Dort finden Sie eine Packung mit Streichhölzern. Diese nehmen Sie heraus, nehmen eines der Hölzchen aus der Schachtel und entzünden es. Die heiße Flamme halten Sie an den Rand des Bildes vor Ihren Augen. Sehen Sie zu, wie sich die Flamme von der linken Ecke des Bildes langsam durch die Mitte hindurch frisst und nach und nach das gesamte Bild verbrennt, bis nur noch ein Haufen Asche übrig ist. Da spüren Sie einen leichten Wind in Ihrem Rücken. Die Reste des Bildes werden empor gewirbelt und davon geblasen. Nichts ist mehr übrig. Öffnen Sie die Augen und befolgen Sie die Schritte des Separators.

Bilder abdunkeln

Erneut schließen Sie die Augen und sehen das Bild vor sich. Lassen Sie die Emotionen und Erinnerungen hochkommen. Dann greifen Sie nach einem Rädchen und drehen an diesem. Sie sehen, wie das Bild vor Ihren Augen immer dunkler und dunkler wird. Die

Menschen darauf werden zu Schatten und schließlich zu Schemen, bis nichts mehr zu sehen ist und das Bild vollkommen unkenntlich ist. Lassen Sie das Bild achtlos zu Boden fallen und öffnen Sie die Augen. Die weiteren Schritte sind Ihnen inzwischen bekannt.

GEFÜHLE DURCH MUSIK ÄNDERN

Kommen bei Ihnen bei bestimmten Vorstellungen immer wieder negative Emotionen hoch, kann die folgende Methode der Schlüssel zur Besserung sein. Genauso gilt hierbei aber, wie bei allen anderen Übungen auch: Beginnen Sie erst mit kleineren Problemen, denn Übung macht den Meister, und auch ein Ronaldo hat zuerst lernen müssen, wie man einen Pass vernünftig ausführt, bevor er zum Weltfußballer ernannt werden konnte.

Um diese Methode richtig anzuwenden, suchen Sie sich zuerst eine Situation aus, bei der immer wieder negative Gefühle übernehmen. Schließen Sie die Augen und lassen Sie die Situation vor Ihrem inneren Auge wie einen Film spielen. Sie sehen sich also von außen als unbeteiligter Beobachter. Gehen Sie die Szene und ihren Ablauf durch. Dann legen Sie Musik darunter. Nehmen Sie dabei ein Lied, das nicht zur

Situation zu passen scheint. Ein fröhliches Lied aus einem Cartoon oder einen Popsong zum Beispiel. Wenn Sie Inspiration benötigen, werfen Sie einen Blick auf diverse Tarantino-Filme. Beispielsweise die berühmte Folterszene aus *Reservoir Dogs*, bei der der schmissige Hit *Stuck in the middle with you* gespielt wird, während einer Geisel das Ohr abgetrennt wird. Ich hoffe natürlich, dass Sie sich vor solchen Situationen nicht fürchten müssen. Lassen Sie also die Szene vor Ihrem geistigen Auge spielen, während dazu das scheinbar unpassende Lied läuft. Die Situation, vor der Sie sich fürchten, sieht so gar nicht mehr so schlimm aus, richtig? Anschließend wiederholen Sie die bekannten Schritte des Ankerns erneut, bis die Angst vor der besagten Szene nachlässt. Wenn Sie sich Ihrer Sache ganz sicher sind, können Sie die Szene auch ein weiteres Mal ohne Musik betrachten.

Dies alles sind Wege, mit denen Sie Ängste vor Erinnerungen und der Zukunft schmälern oder aufarbeiten können. Natürlich wirken alle Methoden bei jeder Person unterschiedlich und Sie müssen die richtige für sich finden, mit der Sie am besten klarkommen und die größten Erfolge erzielen können.

Schlusswort

Ich hoffe, dass ich Ihnen in dieser Einführung in die Kunst des neurolinguistischen Programmierens einen guten Überblick über NLP geben konnte und Sie einige hilfreiche Tipps und Tricks für Ihr Leben daraus mitnehmen konnten. Inzwischen sollten Sie über ein gutes theoretisches Basiswissen verfügen, mit dem Sie vieles anfangen können, und nach einiger Übung werden Sie auch Ihr Praxiswissen ohne Probleme erweitert haben. Es gibt diverse Möglichkeiten, die Probleme, die jeder Mensch in seinem Leben findet, aufzuarbeiten. NLP ist eine davon. Durch das breite Wissen, welches Sie nun erlernt haben, sollte es Ihnen möglich sein, in jeder Lebenssituation davon profitieren zu können. Ich wünsche Ihnen dabei viel Spaß, viel Freude und natürlich auch Erfolg. Geben Sie Gas und heben Sie sich selbst auf das nächste Level.

Dieser Grundsatz soll dabei Ihr Begleiter sein:
*Neurolinguistisches Programmieren dient als Weg zur **Selbstreflexion** und die dadurch erfolgende **Steigerung der Lebensqualität.***

Herstellung und Verlag:

BoD – Books on Demand, Norderstedt

ISBN: 9783754331477

© Franziska Krüger 2021

1. Auflage

Kontakt: Psiana eCom UG/ Berumer Str. 44/ 26844 Jemgum

Covergestaltung: Fenna Larsson

Coverfoto: depositphotos.com